심리상담 전문가에게 듣는

이단에 빠지는 사람들의
정서와 심리

KB191779

심리상담 전문가에게 듣는

이단에 빠지는 사람들의 정서와 심리

초판 1쇄 발행 2021년 11월 12일
초판 2쇄 발행 2022년 10월 29일

저 자   유연철
교 정   명은심(esbright@naver.com)
디자인   김민정(jung1113@nate.com)
인 쇄   넥스트프린팅(031-908-7959)
유통사   하늘유통(031-947-7777)
펴낸곳   기독교포털뉴스

등 록   제 2016-000058호(2011년 10월 6일)
주 소   (16954) 경기도 용인시 기흥구 흥덕2로 87번길 18 이씨티빌딩 B동 4층 479호(엠피스 비즈니스센터)
전 화   010-4879-8651
전자우편 unique44@naver.com
홈페이지 www.kportalnews.co.kr
가 격   13,000원

ISBN 979-11-90229-15-9 93230

본문 일부에 Mapo 금빛나루, 꽃섬 서체를 사용하였습니다

심리상담
전문가에게
듣는

이 단 에
빠 지 는

유연철 지음

사람들의
정서와 심리

기독교포털뉴스
www.kportalnews.co.kr

1장 ··· 이단에 빠지는 심리적인 이유

2장 ··· 그들은 이단에 세뇌되고 중독되었다

CONTENTS

추천사

_ **김용성 목사** (기독교대한감리회 우이교회 담임)

저자는 오래 전부터 한국교회의 문제는 이단 문제라는 사실을 알고 이에 천착하여 깊이 있게 연구한 이단 전문가이다. 이 책은 이단이 어떤 집단인지 매우 명확하게 해부하고 있다. 이단의 핵심교리와 포교방법은 무엇이며, 이단으로 인해 어떤 피해가 발생되는지를 낱낱이 밝혀주고 있다. 또한 저자는 서울신학대학교에서 상담심리학으로 박사학위를 받은 상담심리 전문가이기도 하다. 이 책의 큰 가치는 이단에 빠지는 사람들의 이유를 심리적으로 분석한 것이다. 그리고 기성교인들이 이단에 빠지지 않도록 예방하고, 이미 이단에 빠진 사람들에게는 교회로 다시 돌아올 수 있는 길을 제시하고 있다는 데 의미가 있다.

저자는 이단에 빠진 청년들을 상담하면서 그들의 심리상태를 분석한 결과를 토대로 종교중독으로 이단에 빠지는 현상을 임상적으로 설명해주고 있다. 교회의 미래는 청년들에게 있다. 그들이 이단교리에 세뇌되어 기성교회를 떠나 이단에 빠지는 것을 예방하지 못한다면 교회의 미래는 어두울 수밖에 없다. 무슨 일이 있어도 우리의 청년들이 이단에 빠지는 것만은 막아야 한다. 이런 점에서 이 책은 한국교회를 섬기는 모든 목회자들과 성도들이 꼭 읽어야 할 필독서이다.

_ **진용식 목사** (한국기독교이단상담소협회장, 상록교회 담임)

최근 한국교회는 이단들의 극렬한 활동으로 심한 몸살을 앓고 있다. 국내에만 자칭 재림주가 40여 명이 되고 이단에 미혹된 신도들이 200만 명을 헤아리고 있다. 이단들은 정통교회에 출석하고 있는 기성신자들을 주 대상으로 포교활동을 하기 때문에 이단의 피해는 고스란히 교회와 성도들에게 온다. 이단에 가장 많이 미혹되는 연령층은 청년 대학생들이다. 대학생들은 새로운 것에 대한 호기심이 많고 세뇌시키기에 가장 쉬운 대상이기에 이단들은 대학생들을 집중적으로 포교하고 있다. 그래서 한국교회의 성도들 중 청년 대학생들이 이단의 미혹에 가장 취약하기 때문에 이단 피해가 가장 크다. 신천지 집단을 봐도 신도의 50%가 청년 대학생으로 이루어져 있다.

현재 한국교회는 이단의 미혹으로부터 청년 대학생을 보호할 수 있는 대책이 절실한 상황이다. 차제에 상담심리학을 전공한 상담학자 유연철 장로의 『이단에 빠지는 사람들의 정서와 심리』의 출간은 한국교회의 큰 축복이다. 이 책은 청년들이 이단에 미혹되는 심리적 원인을 규명하고, 그 대책을 제시하고 있다. 특히 상담심리학적 접근 방법의 소개는 이단 상담에 아주 효과적이라고 생각된다. 이 책은 목회자, 청년 지도자, 이단 상담자들에게 이단연구와 예방에 큰 도움이 될 것이라고 확신하여 강력히 추천하는 바이다.

_ 황헌영 교수 (서울신학대학교 상담대학원)

청년기는 그 열정의 기저에 자기를 향한 사랑의 결핍과 나르시시즘의 상처가 있다. 이단의 마수는 청년들의 나르시시즘을 유혹하며 신앙을 병들게 한다. 저자는 이단에 빠진 청년들을 상담하며 얻은 경험을 자기심리학 이론을 토대로 분석하며 이 책을 통해 마음의 건강으로 가능해지는 신앙적 리모델링을 제시한다. 이 시대의 건강한 신앙회복과 부흥을 위해 일독을 권한다.

_ 탁지일 교수 (부산장신대학교 교회사)

이단들은 친절하게 다가와, 친밀한 관계를 형성하고, 치밀하게 미혹한다. 누구든지 이단에 미혹될 수 있다. 교회와 사회가 이단문제에 관심을 갖는 이유는, 이단을 비판하고 정죄하는 것을 넘어, 피해자의 온전한 치유와 회복을 목적으로 하기 때문이다. 이 책은 이단 피해사례와 그 원인에 대한 심리학적 분석을 통해 이단문제의 예방과 해결 방법을 모색하고 있다. 가정과 교회를 정결하게 지켜 나아가기 위해 일독을 권한다.

_ **조성돈 교수** (실천신학대학원대학교 목회사회학)

이단에 대한 책들은 보통 신학적인 해설이 주를 이룬다. 어떻게 대응해야 하는지, 이단이 가지고 있는 문제점은 무엇인지를 가르쳐 주는 내용이다. 그러나 본서는 심리적으로 접근한다. 즉 현상이나 교리적인 문제로 다가가는 것이 아니라 개인의 심리와 환경에서 접근한다. 그래서 이 책을 보면 우리의 취약한 점을 알 수 있다. 이단 문제가 심각한 요즘 필독할 책이 나왔다.

누구나 이단에 빠질 수 있습니다.

　이것은 이단을 탈퇴한 많은 청년들과 피해자들을 상담하면서 얻은 결론입니다. 이들에게 있어서 지식과 학벌, 교회활동은 이단 예방에 결코 도움이 되지 않았습니다. 그 이유는 무엇일까요? 이단에 빠지는 근본적 이유는 '정서와 심리'의 문제이기 때문입니다. 그동안 이단 문제에 있어서 감정적인 면을 너무 소홀히 다뤄왔습니다. 훈계와 조언도 중요하지만 더 절실했던 것은 마음속의 감정을 풀어주는 것이었습니다. 그러나 그러지 못했습니다.

　인간은 누구나 마음의 상처를 안고 살아갑니다. 기독교인도 예외가 아닙니다. 이것이 핵심입니다. 이단은 아파하는 사람들의 정서와 심리를 따뜻하게 만져주며 다가옵니다. 교묘하지만 아주 탁월한 포교방법입니다. 여기에 기독교인을 포함하여 많은 사람들이 속절없이 무너지고 있습니다.

　이단 사역 전문가들은 한국의 이단사이비 신도를 약 200만 명 정도로 추정합니다. 놀라운 것은 이들의 대부분이 기성교회 출신이라는 점입니다. 참으로 많은 기독교인들이 이단에 빠져 있습니다.

이 중 절반에 해당하는 청년들의 상당수는 가출과 학업중단 등 정상적이지 않은 생활을 하고 있으며, 가족과도 연락을 끊고 지내고 있습니다.

그들은 어쩌다가 이단에 빠져 딴 사람이 되었을까요? 이 책은 이 질문에 답하기 위해 쓰였습니다. 이단에 빠지는 사람들은 정서적으로 공허하였고 그 마음을 누군가가 채워주기를 갈망하고 있었습니다. 이들에게 이단은 '친밀함'으로 다가왔습니다. 그리고 공허하고 외로운 마음을 사로잡았습니다. 그래서 이단에 빠지는 사람들의 문제를 정서와 심리의 문제로 보는 것입니다.

그러나 이러한 사람들만 이단에 빠질까요? 그렇지 않습니다. 건강한 가정과 모태신앙인 사람들도 이단에 잘 빠집니다. 이단은 기독교인의 순수한 신앙열정을 이용하여 지능적으로, 문화적으로 자신을 드러내지 않고 다가오기 때문입니다. 외부 성경공부의 위험성이 여기에 있습니다.

이 책에서는 이단에 빠지는 사람들의 심리적인 원인과 이단 종교중독 현상에 주목합니다. 이단에 빠진 사람들이 어떠한 과정을 통하여 세뇌되고 중독되는지, 또한 이단 신도들의 다양한 심리와 이단 종교중독 현상은 무엇인지를 심층심리학적인 관점에서 설명합니다.

이단예방을 위해 첫 번째로 해야 할 것은 무엇일까요? 그것은 이단에 빠지는 가장 근본적 원인이 무엇인가를 아는 것입니다. 이런 점에서 이 책은 이단예방서입니다.

이 책은 건전한 기독교인들에게는 자신의 내면을 살펴봄으로써 은밀하게 다가오는 이단의 포교에 대처할 수 있는 마음의 근력을 키워줄 것입니다. 또한 이단에 이미 빠져 있는 사람들, 이단을 탈퇴한 사람들에게는 자신이 왜 이단에 빠질 수밖에 없었는지 자신을 돌아보는 성찰의 기회가 될 것입니다. 기성교회에는 이단의 침투에 대하여 실질적으로 대처하고 예방할 수 있는 가이드가 될 것입니다.

이 책을 통하여 한국교회와 성도들이 이단을 예방하고, 이단으로 인해 발생한 문제를 지혜롭게 풀어가는 데 작은 도움이 되기를 진심으로 바랍니다.

2021년 8월

유연철

1장

이단에 빠지는
심리적인 이유

치밀하게 위장된 이단의 포교에 많은 기독교인들이 넘어갔습니다. 먼저 이단에 넘어가는 사람들의 심리적인 이유부터 설명하겠습니다. 이단에 빠지는 심리적인 원인을 알게 되면 자연히 이단 예방에 대한 대비책도 강구하게 될 것입니다. 이 책에서 말하는 이단이란, 한국교계에서 규정한 이단사이비에 해당하는 종파입니다.

1. 정서적으로 아픔이 있었다

◇◇◇◇◇◇◇◇

한국에는 공식 규정된 이단들만 60여 곳이 넘습니다. 그리고 이단 사이비에 빠진 사람들은 200만 명 정도라고 합니다(대표적 이단들과 문제점에 대해서는 부록 '이단은 어떠한 종교집단인가?'를 참고해주세요). 게다가 이단에 빠지는 사람들의 대다수는 이미 교회를 다녔던 사람들입니다. 도대체 사람들은 왜 이단에 빠지는 걸까요? 그 첫 번째 이유를 정서적 아픔으로 꼽고 싶습니다. 정서적 아픔이 있는 사람들이 이단의 미혹에 쉽게 넘어갑니다. 이단은 개인의 정서에 주목하여 '친밀함'으로 다가오기 때문입니다. 이단의 공통적인 포교전략은 "그들의 욕구를 발견하여 채워주라"는 것입니다. 그들이 즐겨 쓰는 위장포교, 문화행사, 심리상담, 설문조사, 이성관계 등의 포교는 모두 심리적인 요소와 관련이 있습니다. 그렇다면 어떠한 사람들이 정서적으로 아픔이 많을까요? 대표적으로는 유아시절 부모로부터 따뜻한 돌봄과 사랑을 받지 못한 환경에서 성장한 사람들입니다.

인간은 가정과 사회에서 상호 관계를 통하여 정서적 안정감과 소속감을 느끼는 존재입니다. 그러나 역기능 가족 환경에서 성장하였거나 불행한 결혼생활, 사회경제적 위기에 처한 사람들은 관계적인 욕구를 채울 수가 없기에 정서적으로 불안하고 아픔이 있습니다.

사랑의 결핍에서 오는 불안

성인이 되어서도 늘 마음이 아픈 사람들이 있습니다. 아무 이유 없이 불안하고 외로운 마음에 사로잡힙니다. 이러한 아픔은 어디에서 오는 것일까요? 발달심리의 관점에서 살펴보면 이는 생애 초기 '사랑의 결핍'에서 그 원인을 찾을 수 있습니다.

지그문트 프로이트(Sigmund Freud)는 인간의 마음 깊은 곳에는 '무의식'이 존재한다고 하였습니다. 이 이론에 의하면 유아시절의 아프고 슬펐던 기억들, 불쾌하고 고통스런 감정과 사건들은 사라지지 않고 무의식에 저장된다고 합니다. 그리고 그 감정들은 미해결 과제가 되어 어느 순간 현재의 내 마음을 조종하는 원인이 된다고 하였습니다.

유아는 자신을 돌보는 이와의 관계에 따라 '신뢰' 또는 '불신'의 마음이 발달합니다. 유아시절 주 양육자로부터 충분한 돌봄과 지지를 받은 유아는 신뢰의 마음이 발달합니다. 당장 부모가 보이지 않아도 정서적으로 불안하지 않습니다. 자신이 힘들거나 필요할 때는 언제나 부모가 달려와 자신을 돌봐줄 것이라는 믿음이 있기 때문입니다. 이러한 유아는 '무엇이든지 잘 할 수 있다.'는 건강한 자신감을 키워갑니다. 반면, 부모로부터 충분한 돌봄과 지지를 받지 못한 유아는 불신의 마음이 발달합니다. 자신이 어려움에 처해 있어도 아무도 자신을 돌봐주지 않는다는 불신이 생기는 것이지요. 이러한 유아는 성인이 되어서도 늘 불안하고 정서적으로 허기를 느끼게 됩니다. 이처럼 유아는 어떠한 돌봄의 환경을 경험하느냐에 따라 신뢰와 불신의 마음을 내재화하게 됩니다.

사랑의 결핍은 유아에게 불안을 심어줍니다. 불안은 개인 정체감이 혼란할 때 생기는 정서로서 성장기에 불안의 정서가 내면화되면 적절한 자아상을 형성하기 어렵습니다. 이러한 유아가 성인이 되면 다양한 형태의 문제를 일으킬 수 있습니다. 특히 대인관계가 본격적으로 시작되는 청년기에 이르러서는 고립과 갈등을 유발할 수 있습니다. 성인이 되어서도 정서적으로 늘 아픔을 느끼기 때문입니다.

경쟁사회가 주는 불안

불안의 정서는 사회·환경적 요인을 통해서도 형성됩니다. 초 경쟁 한국사회의 양극화는 소외계층을 양산하였고 사회적 불안감을 확산시키고 있습니다. 많은 기업이 저비용, 고효율의 정책을 추구하면서 정규직이 축소되고 비정규직과 임시직의 비율이 일반화되고 있습니다. 게다가 2020년부터 불어닥친 전 세계적인 코로나19 사태로 인한 경제의 위축은 고용불안을 더욱 심화시켜 현실적인 삶의 문제를 더욱 어렵게 만들고 있습니다.

이로 인한 최대의 희생양은 여전히 청년 계층입니다. 극심한 실업 문제와 불확실한 미래는 많은 청년들에게 좌절감을 안겨주고 있습니다. 근래의 청년들은 시대의 아픔과 좌절의 마음을 '니트족, N포 세대, 이생망' 등으로 표현하고 있습니다.[1] 언제부터인가 '헬 조선'으로 불리는 대한민국에서 청년 세대는 기본적인 행복권조차 위협받으며 불안에 떨고 있습니다. 더 큰 문제는 이러한 불안을 느끼기 시작하는 시기가 더욱 앞당겨지고, 기간도 길어지고 있다는 것입니다.

불안 심리를 이용하는 이단의 포교

이러한 경제상황과 청년들의 정서는 이단이 활동하기에 아주 좋은 환경이 되고 있습니다. 한국의 이단에 특히 청년이 많은 것이 이를 증명합니다. 서두에서 말씀드렸듯이 사람들이 이단에 미혹되는 원인은 정서적인 문제와 관련이 깊습니다. 이단은 불안한 사람들의 심리에 착안하여 아주 친절하게 다가갑니다. 전도 대상자가 정해지면 치밀하게 각본을 짭니다. 2~3명이 팀을 이루어 우연을 가장하여 접근합니다. 특히 전도 대상자의 정보를 사전에 파악하여 대상자의 심리에 주목하여 접근하므로 쉽게 넘어가게 됩니다. 그리

1　'니트족'의 영어 표현은 'Not in Education, Employment or Training'이다. 즉, 일을 하지 않으면서 교육도 받지 않는 사람을 일컫는 용어로 취업의 의욕이 없이 주로 아르바이트로 연명하는 집단을 뜻한다. 'N포 세대'는 연애·결혼·출산을 포기했다는 '3포 세대'에 더해 인간관계와 집까지 포기했다는 '5포 세대', 그에 더해 꿈과 희망 같은 가치들까지 포기한 세대를 비유하는 말이다. '이생망'은 '이번 생은 망했다'는 의미라고 한다.

고 수개월간 친밀함을 형성하여 거절하지 못하는 인간관계를 만들고 이러한 상태에서 성경공부를 권유합니다. 전도 대상자는 차마 거절하기가 쉽지 않습니다. 이단의 성경공부는 이단교리를 세뇌시키는 모임입니다. 한 번 발을 들여놓으면 세뇌되기 십상입니다. 이러한 이단의 포교방법으로 많은 청년들이 이단에 빠져들었습니다.

여기에서 우리가 유의해야 할 점은 **첫째, 친절하게 다가와 친밀감을 형성한 후 외부 성경공부를 권유하는 지인들을 경계하는 것입니다.** 이들은 평소 가까이 지내던 학교 선배이자 친구일 수 있습니다. 이단은 의외로 여러분의 곁에 있을 수 있습니다. 그러나 전술한 이단의 포교방법을 늘 인식하고 있으면 얼마든지 이단의 포교로부터 자신을 지킬 수 있습니다. **둘째, 기성교회는 교인들, 특히 청년들의 정서에 좀 더 세심하게 관심을 기울여야 하겠습니다.** 양육을 위한 다양한 활동이 있겠지만, '이단의 문제는 정서의 문제'라는 인식을 갖고 청년들을 정서적으로 돌보는 데에 좀 더 깊은 관심과 배려가 필요할 것입니다.

2. 성경을 더 많이 알고 싶었다

◇◇◇◇◇◇◇◇◇

성경공부에 대한 강렬한 욕구가 이단에 빠지는 요인이 될 수 있습니다. 이단에 빠진 사람들 중에는 의외로 신실한 기독교인이었던 사람들이 많습니다. 그들 중 상당수가 순수하게 성경을 더 많이 알고자 하는 욕구 때문에 이단에 가게 됐습니다. 어찌 보면 아이러니한 일입니다. 그러나 결코 가볍게 넘길 일이 아닙니다. 이들은 다니던 교회에서 성경공부에 대한 욕구를 채울 수가 없었습니다. 우리는 흔히 기성교회에서 신앙생활을 열심히 하면 이단에 빠질 일이 없다고 생각할 수 있습니다. 그러나 그렇지 않습니다. 오히려 **성경을 더 많이 배우고자 하는 강렬한 마음이 무분별한 성경공부로 연결될 경우 이단에 빠지는 통로가 될 수 있습니다.** 외부 성경공부의 위험성이 여기에 있습니다. 이것은 이단에 빠진 많은 사람들을 통해서 얻어진 살아있는 교훈입니다. 올바른 성경공부는 예수님을 만나게 하지만, 이단의 성경공부는 교주를 만나게 합니다.

외부 성경공부 피해사례

　JMS 교리 반증서인 『거짓을 이기는 믿음』(기독교포털뉴스 간)의 저자 김경천 목사는 30년을 JMS에 있다가 탈퇴한 후 지금은 안산 상록교회에서 이단예방 사역을 하고 있습니다. 그는 JMS와의 접촉 경험을 다음과 같이 설명합니다.

　나는 모태신앙으로 태어나 항상 신앙을 우선시하며 살았다. 대학생 때는 성경에 대한 궁금증이 아주 많았다. 이때 선배로부터 "성경을 2,000번 읽은 분이 있는데 한 번 만나보지 않을래?"라는 말을 듣고 만난 사람이 정명석이었다. 정명석으로부터 JMS 교리인 "30개론"을 배웠다. 정명석은 성경은 비유로 풀어야 근본을 알 수 있다고 했다. 비유풀이를 통하여 성경을 배우니 그동안 궁금했던 성경의 의문점들이 실타래 풀리듯 풀어졌다. 이때부터 정명석을 재림예수라고 믿게 되었다.

　다음은 신천지 추수꾼으로 3년 동안 활동했던 어느 자매의 이야기입니다. 목회자의 딸인 이 자매 역시 성경을 좀 더 정확하게 알아야겠다는 욕구로 인해 신천지와 연결되었습니다.

　대학에 진학해서는 성경에 대하여 좀 더 깊이 있고 체계적으로 공부하고 싶은 갈급함이 있었다. 공교롭게도 이 시점에 신천지와의 접촉이 이루어지면서 복음방을 거쳐 성경신학원 교육까지 받게 되었다. 처음에는 의문이 있었으나 성경신학원에서 하는 성경공부 횟수가 거듭될수록 신천지 교리에 확신을 갖게 되었다. 신천지는 결코 이단이 아니라는 믿음이 생겼다. 목회자인 아버지를 생각하면 눈물이 나왔지만 가족을 살리기 위해서 더 열심히 수업에 임했다.[2]

이 두 사례의 공통점은 성경 공부에 대한 강렬한 욕구입니다. 이것이 20대 기독 청년들이 이단에 많이 빠지게 되는 이유 중의 하나입니다. 이단이 청년들의 순수한 신앙의 욕구를 포교의 기회로 삼은 것입니다.

비유풀이와 심리조작

신천지, JMS 등 이단 성경공부의 핵심은 '비유풀이'입니다. 비유풀이를 통하여 신도들을 세뇌시키고 심리를 조작합니다. 평소 성경을 더 깊이 알고 싶었던 기성교회 청년이 비유풀이를 접하게 되면 어떤 반응을 보일까요? 완전히 새로운 세상을 만난 기분이라고 합니다. 이제야 비로소 어려웠던 성경이 풀리며 진리가 보인다고 합니다. 예를 들면 "새가 나무에 깃든다."고 할 때 새는 성령, 나무는 사람으로 비유하여 '성령이 임한 사람'으로 해석합니다. 마치 수학

---

2 최삼경·정윤석, 『신천지 교리와 포교전략』, (서울: 교회와 신앙, 2012), 188-190.

공식 같아서 성경을 비유풀이에 대입하면 앞뒤가 딱딱 맞아떨어진 다고 합니다. **비유풀이는 성경에 대한 관점을 완전히 바꿉니다. 교 주를 이 시대의 재림주로 믿게 하고, 오직 자신의 집단에만 구원이 있다는 왜곡된 믿음을 갖게 합니다.** 여기에 미혹된 청년들은 열심 히 성경공부를 한다고 생각하지만, 사실은 이단 교리에 세뇌되는 것입니다. 이것은 믿음이 아니라 일종의 심리조작입니다.

또 하나의 외부 성경공부 – 인터넷, 유튜브 시청

성경공부에 대한 강렬한 욕구는 자연스럽게 인터넷 검색과 유 튜브 시청으로 연결됩니다. 조심해야 할 것은 이단은 기독교를 표 방하면서 인터넷, 유튜브를 통해 강의 및 설교 동영상을 지속적으 로 내보내고 있다는 사실입니다. 여기에 미혹되어 반복적으로 시청 을 한다면 이것 역시 외부 성경공부에 해당된다고 볼 수 있습니다. 지금은 이 부분에 대한 기성교인들의 분별력이 그 어느 때보다도 요구되는 시대입니다.

2020년 이후 코로나19 사태로 인한 언택트(untact) 환경은 온라 인 문화를 더욱 확산시켰습니다. 이러한 변화에 가장 발 빠르게 대 응한 집단이 이단입니다. 이단은 오히려 언택트 환경을 온라인 포 교의 기회로 삼았습니다. 이단의 홈페이지는 일목요연하고 체계적 으로 정리돼 있습니다. 이들은 유튜브를 통해서도 지속적으로 교 리를 확산시키고 있습니다. 누구든지 쉽게 접근하여 이단·사이비의 설교와 강의 동영상을 시청할 수 있는 시대입니다. **주목할 점은 이단은 기독교를 표방하는 명칭을 쓰고 있기에 기독교를 믿지 않는 사람들뿐만 아니라 기성교인들조차도 정통 기독교에서 운영하는 사이트나 유튜브 채널로 오해할 수 있다는 것입니다.** 여기에 문제의 심각성이 있습니다.

결론은 오프라인이든 온라인이든 **외부 성경공부는 안 하는 것이 상책**입니다. 이단은 성경을 더 많이 알고 싶은 기성교인들의 순수한 마음조차도 포교의 기회로 삼기 때문입니다. 부득이한 경우는 반드시 목회자들의 검증을 받은 후 안전하다고 판단될 때 하도록 하십시오. 이것이 이단으로부터 자신을 보호하는 현명한 방법입니다.

3. 어디에도 소속될 수 없었다

◇◇◇◇◇◇◇◇

이단문제로 마음 아파하는 사람의 이야기입니다. "나와 함께 예배 드리고 기도하고 찬양하던 우리 여선교회 회원인데요, 작년부터 이 단에 빠져 교회를 안 나오네요. 어떻게 해야 하나요?" 이런 일이 생 기면 정말 안타깝기 그지없을 것입니다. 이러한 사례가 종종 발생 합니다. 평소 꾸준히 교회에 다니던 사람이 어느 날 갑자기 이단으 로 갔다는 것이지요. 왜 그랬을까요? 이러한 교인들의 심리에 대하 여 그 이유를 다음과 같이 세 가지 차원에서 정리해 보겠습니다.

첫째, 그들은 소속감의 욕구를 채울 수 없었습니다. 치열한 경 쟁 속에서 살아남으려는 인간의 욕구는 끝이 없습니다. 이런 본 질적인 질문에 대해 미국의 심리학자 매슬로우(Abraham Maslow)는 1943년 '인간 욕구 5단계 이론'을 제안했습니다. 이 이론에 의하면 사람은 누구나 다섯 가지 욕구를 가지고 태어난다고 합니다. 가장 기초적인 욕구인 '생리적 욕구'부터 '안전 욕구', '사랑과 소속 욕구', '존경 욕구', '자아실현 욕구'의 순으로 차례대로 만족하려 한다는 것입니다. **이단으로 간 사람들의 경우는 기성교회에서 세 번째에 해당하는 '사랑과 소속 욕구'를 채울 수가 없었습니다.** 이 욕구는 누군가를 사랑하고 싶고, 어느 한 곳에 소속되고 싶고, 사람들과 교제하고 싶은 욕구에 해당됩니다. 그러나 그들은 다니던 교회에서 소속감을 느낄 수 없었습니다. 교회는 이 점에 대하여 잘 살펴볼 필요가 있습니다. 혹시 '기존 교인의 배타성 때문은 아닐까?' '교회에서 상처를 받거나 실망한 일은 없었을까?' 원인은 다양할 것입니다.

반면, 이단은 신도들에게 소속감(수용)의 욕구를 충족시켜 주는 데 아주 탁월합니다. 비밀결사체와 같은 강력한 조직력을 구성하여 신도들을 결속시킵니다. 그리고 전도와 종교행사 등에 있어서 뚜렷한 임무를 부여합니다. 물론, 이것은 신도들을 통제하고 관리하는 수단입니다. 그러나 평소 소속감이 없던 사람들에게 이단의 신도 관리방법은 소속감을 부여하기에 심리적으로 큰 매력을 느끼게 됩니다.

둘째, 그들은 정서적으로 소외감을 느끼고 있었습니다. 교회는 사회에서 소외받는 이들에게 따뜻한 위안처 역할을 해오고 있습니다. 그러나 이러한 모습 이면에 교인 중에는 교회생활에 적응하지 못하고 오히려 교회에서 소외감을 느끼는 교인도 있습니다. 그들은 그 이유가 자신들의 사회적인 지위나 경제적인 환경 때문이라고 생각하기도 합니다. 교회가 커지면서 교회는 모든 교인들에게 세심한 관심을 기울이기가 현실적으로 쉽지 않습니다. 교회 운영도 사무행정에 의존합니다. 사실 이 같은 지적은 어제 오늘의 얘기가 아닙니다. 특히 교회에 처음 나오는 새 신자들의 경우는 기존 교인들이 끼리끼리 너무 친해 다가가기가 쉽지 않다고 합니다.

교회에서 소외감을 느끼게 되면 교회 사람을 만나는 게 꺼려집니다. 주일예배도 빠지게 되고 점차 교회생활에 흥미를 잃어가게 됩니다. 영적으로 방황하게 되고 교회를 떠나고 싶은 마음도 생깁니다. **문제는 교회와 멀어지면 다른 종교적 길을 모색할 수 있다는 것입니다. 그 중의 하나가 이단으로 갈 가능성입니다.** 이단도 이러한 교인들을 포교대상으로 삼습니다. 그러므로 교회는 누가 소외되어 있는지, 소외감을 느끼는 교인은 없는지 평소 각별하게 관찰해야 합니다. 그들이 원하는 것은 어찌 보면 정서적인 관심과 배려일 수 있습니다. 목회자 또는 기존 교인들의 다정한 말 한마디가 그들이 이단으로 가는 것을 막을 수 있습니다. 교인들이 소외감을 느끼지 않도록 지속적인 관심과 사랑을 기울이는 것이 전도와 선교 못지않게 중요합니다. 지금이라도 교인들 중에 미처 신경 쓰지 못한 지체들은 없는지 먼저 돌아보아야 합니다.

셋째, 교회는 그들의 기대와 욕구를 채워주지 못했습니다. 앞에서 기성교인 중에서 성경을 더 깊이 배우고 싶은 열망으로 인해 이단에 빠지는 경우가 의외로 많다고 하였습니다. 이는 다니던 교회에서 체계적으로 성경을 배울 수 있는 환경이 주어지지 않았기 때문입니다. 기성교회는 기독교 교리에 대한 양육 시스템을 좀 더 체계적으로 운영하여 이 부분에 대한 성도들의 욕구에 부응해야 합니다. 또한 사회적으로 비난 받는 일들을 지양해야 합니다. 교회의 세속화와 일부 목회자의 성 윤리적인 문제, 코로나19 환경에서 교회와 목회자가 정부의 방역지침에 반발하는 모습 등은 많은 교인들의 마음에 실망감을 안겨 주었습니다. 일부 교회의 미숙함으로 사회적인 비난을 자초하는 사례들은 교회가 사회의 본이 되어야 한다는 생각을 가진 교인들에게 교회에 대한 기대를 내려놓게 하는 요인이 되고 있습니다. **이처럼 교회가 제 기능을 다하지 못할 때, 여기에 실망하고 상처받은 교인들은 이단의 미혹에 쉽게 넘어갈 수 있습니다.**

2015년에 방영된 CBS 다큐 '신천지에 빠진 사람들'은 이단뿐만 아니라 기성교회에도 많은 경각심을 불러일으켰습니다. 이 프로에 등장한 신천지에 빠진 사람들은 대부분 정서적으로 아픔이 있었고 다니던 교회에 소속감이 없었습니다. 교회에 비판적이고 성경공부에 대한 욕구가 있는 교인들도 많았습니다. 이 프로는 교인들의 신앙적인 열정과 기대를 기성교회가 채워주지 못할 때 이단 문제가 발생할 가능성이 있음을 지적하고 있습니다. 다큐는 "헌금과 전도만 강조하는 교회, 교리보다 기복신앙에 매몰된 교회, 공공성 대신 몸집 키우기에만 급급한 성장제일주의가 신천지란 괴물을 낳았다."고 지적하면서 끝을 맺습니다.

2장

그들은
이단에 세뇌되고
중독되었다

이단에 포교된 신도들은 치밀한 교육시스템에 의하여 서서히 세뇌되고 중독되어 갑니다. 이단 신도들의 열광적인 종교행위는 구원관과 깊은 관계가 있는데 이를 세뇌와 중독의 관점에서 바라보아야 이해가 됩니다. 이 장에서는 이단 교주를 우상화하는 심리와 신도들에 대한 다양한 영적 학대가 이루어지는 현상, 교주의 실체를 알고도 그 집단에서 빠져나오지 못하는 신도들의 심리에 대하여 설명하겠습니다.

1. 세뇌방법과 내용

◇◇◇◇◇◇◇◇◇

이단은 성경공부를 통하여 신도들에게 그들의 교리를 세뇌시킵니다. 성경을 해석하는 방법은 비유풀이인데 중독성이 매우 강합니다. 이단 교리에 세뇌된 신도들은 자신의 이성과 의지, 마음이 마비되어 버립니다. 인격적인 손상을 입은 것이지요. 이단 신도들은 종교의 자유를 내세우지만, 실은 세뇌당하여 자유가 박탈되어 있는 상태라고 할 수 있습니다. 이단 교리에 세뇌되고 중독되어 분별력과 균형감각을 잃은 상태입니다.

사람들이 이단의 성경공부에 쉽게 빠지는 이유는 주입식 교육방식에 익숙한 영향도 있습니다. 한국의 교육이 오랜 기간 주입식 교육방식이었기 때문입니다. 이단 신도들은 교육을 받는 중에 스스로 생각하거나 질문하지 않습니다. 수동적으로 받아들이는 것에 익숙해져 있기 때문입니다. 성경에 대하여 스스로 생각하고 분별할 수 있는 능력을 키우지 못했기 때문에 이단이 가르쳐 주는 교리에 쉽게 매료될 수 있습니다.

어떻게 세뇌시키는가?

신천지의 교육시스템은 개신교 이단 중에서 가장 치밀합니다. 교육시스템은 대개 섭외단계, 말씀방(구 복음방)을 거쳐 신학원(구 무료신학원, 약 6~8개월 과정) 수료 순으로 진행됩니다. 아주 까다롭고 빡빡한 교리교육 과정입니다. 이 과정을 거쳐야 신천지 신도가 될 수 있습니다. 교리교육이 진행되는 장소를 센터(구 무료신학원)라고 부릅니다. 교육생들은 이곳에서 신천지 교리에 세뇌당하게 됩니다. 초등, 중등, 고등과정 각 2개월씩 교육을 받으면 신천지의 전반적인 교리를 습득하게 됩니다. 초등은 비유풀이 과정이며, 중등은 구약과 신약의 주요 예언서를 '배도-멸망-구원'의 노정에 대입해 풀이하는 과정입니다. 고등은 이미 배운 비유풀이를 대입해 요한계시록을 푸는 과정입니다. 신천지는 보통 2~3개월의 초등과정이 끝나는 시점에 신천지임을 밝힌다고 합니다. 이때 교육생들은 큰 충격을 받지만 이미 세뇌가 진행되었기에 의심이 가도 대부분은 중등과정으로 넘어간다고 합니다. 실질적인 세뇌와 교리중독은 이미 초등과정에서 끝났다는 것을 의미합니다.

하나님의교회(안상홍증인회)**는 어머니 하나님에 대한 호기심을 유발시킵니다.** '우리의 형상대로 사람을 만들자'는 창세기 1장 26절을 제시하며 하나님은 남자와 여자 둘이라는 황당한 논리를 전개합니다. 하나님의교회는 포교대상자에게 "재앙을 피하려면 유월절을 지켜야 한다."며 침례 받을 것을 권합니다. 침례 이후는 하나님의교회 전문교사가 밀착하여 일대일 성경공부를 진행합니다. 본격적으로 교리를 세뇌시키는 것이지요. 핵심 교육내용은 '이 땅의 가정에 아버지, 어머니, 자녀가 있듯 하늘에도 아버지 하나님, 어머니 하나님, 영의 자녀가 있다', '자녀가 탄생하기 위해 어머니가 반드시 필요한데 하늘에서도 마찬가지이다', '하나님의 자녀가 되기 위해서는 어머니가 필요하다'는 것 등입니다. 이는 그들이 '어머니 하나님'이라고 떠받드는 장길자(77)를 신으로 믿게 만드는 장치들입니다. 하나님의교회 역시 기성교회 성도들을 미혹한 뒤 자신들의 교리를 지속해서 반복적으로 세뇌시켜 교리중독에 빠지게 합니다.

JMS의 성경공부 시스템은 4단계로 되어있습니다. 입문 5과목, 초급 7과목, 중급 8과목, 고급 10과목 등입니다. 처음에는 모델이나 댄스, 악기, 그림, 치어리딩 등 JMS의 타깃인 젊은 여성들에게 관심을 보이며 접근합니다. 이들은 먼저 포교대상자와 인간적인 교류와 신뢰를 형성하기 위해 심혈을 기울입니다. 친해지면 거절이 쉽지 않은 점을 이용하여 30개론(현재는 '7대 강의'로 바꾸고 있습니다:편집자 주) 성경공부를 권유합니다. 이 말에 마음 약한 여학생들은 차마 뿌리치지 못하고 넘어갑니다. JMS에 포교되어 성경공부 과정에 입교한 교육생들에게는 정명석을 메시아로 받아들일 때까지 세뇌교육이 진행됩니다. 30개론은 흥미를 유발시키는 비유풀이가 핵심이며 상당한 기간이 소요됩니다. 이 기간 동안 핵심교리가 지속적으로 반복해서 주입됩니다. 자신도 모르게 빠져들어가 그 과정이 끝날 때쯤이면 자기도 모르는 사이에 이미 세뇌되어 있습니다.

이단은 새로 포교된 교육생들의 신앙심과 구원에 대한 갈망을 역이용해 세뇌교육을 진행합니다. 세뇌가 진행되는 동안 기존의 이단 신도들은 교육생들을 정서적으로 돌봅니다. 계속 친밀감과 결속력으로 교육생들을 관리합니다. 따라서 교육생들은 성경에 대한 갈증해소와 정서적 채움, 소속감을 동시에 경험하게 됩니다. 교육생들은 중간에 자신이 성경공부를 하는 곳이 이단이라는 것을 눈치 채더라도 그때는 이미 빠져나올 수 없을 정도로 깊이 들어가 있습니다. 교리에 세뇌되었고 가족 이상으로 이단 신도들과의 인간관계가 돈독해져 있습니다. 무엇보다도 이곳을 떠나면 혹시 자신이 구원받지 못할지도 모른다는 '구원박탈'에 대한 두려움도 생겼습니다. 어느덧 이단에 세뇌되고 중독된 것입니다.

무엇을 세뇌시키는가?

이단에서 신도들을 세뇌시키는 핵심교리는 '교주의 신격화'와 자신의 집단에만 구원이 있다는 '구원교리'입니다. 구원교리를 세뇌시켜 신도들을 예속시키고 조종합니다. 신도들에게는 두려움의 감정이 생깁니다. '구원박탈'에 대한 두려움입니다. 이단은 자신의 집단에서 이탈하거나 열심히 하지 않으면 구원에서 제외될 수 있다는 불안감을 계속 심어줍니다. 어느 종교집단이든 구원을 이야기할 때 두려운 감정을 조장한다면 그 집단은 명백히 이단입니다. 성경에서 말하는 구원은 기쁨의 근원이기 때문입니다. 이단의 구원교리에 대해서는 부록 1장 '이단은 어떠한 종교집단인가?'에서 자세한 설명이 되어 있으므로 여기에서는 핵심적인 부분만 다시 한 번 짚고 넘어가고자 합니다.

교주를 '재림주'라고 세뇌시킵니다. 이단 교주들은 자신을 이 시대의 재림주라고 신격화합니다. 자신을 믿어야 구원받는다는 주장입니다. 신천지의 경우 새 언약의 핵심인 요한계시록의 실상이 이루어진 오늘날 약속의 목자인 재림주 이만희를 믿는 자들만이 새 언약을 지킨 자로서 구원받는다고 주장합니다. 이 새 언약의 목자를 믿는 자들로 이루어진 단체가 신천지이며, 신천지 백성들만이 죄 사함 받고 구원받아 이 땅에서 죽지 않고 영원히 산다는 것입니다.

'시대별 구원자론'을 세뇌시킵니다. 시대별 구원자론은 이단 교주들이 자신을 재림주로 합리화하기 위하여 주장하는 교리입니다. 시대별 구원자는 각 시대마다 별도의 구원자가 있다는 교리입니다. 예수시대에는 예수의 말을 따르는 것이 구원의 조건이었다면 이 시대에는 이 시대에 출현한 구원자의 말을 따라야 구원받을 수 있다는 교리입니다. 그리고 이 시대의 구원자는 바로 자기 자신(이단 교주)이라는 것입니다. 대표적인 이단 교주인 이만희, 정명석, 안상홍, 문선명 등을 믿어야 구원받을 수 있다는 것이 시대별 구원자론입니다.

'14만 4천 명'만이 구원받는다고 세뇌시킵니다. 이단에서 주장하는 14만 4천의 개념은 오직 자기네들만이 구원받는 숫자입니다. 14만 4천을 주장하는 이단은 신천지, JMS, 안식일교, 여호와의 증인, 통일교, 하나님의교회(안상홍증인회) 등입니다. 이 교리를 믿는 이단 신도들은 14만 4천 명 안에 들어가는 것이 인생 최대의 꿈이요, 종교적 목표가 됩니다. 그래서 14만 4천에 들어가기 위해서 가출, 학업중단, 이혼, 휴직, 결혼포기 등 일상의 소중한 삶을 포기하고 자신의 삶을 바칩니다.

'시한부종말론'을 세뇌시킵니다. 현세의 어려움을 일시에 해결하고 싶은 불안하고 절박한 사람들은 이단의 시한부종말론에 쉽게 빠질 수 있습니다. 시한부종말론에 미혹된 사람들은 재산헌납, 가출, 이혼, 학업·직장·양육포기 등이 발생할 가능성이 높습니다. 세상 종말이 눈앞에 다가왔는데 굳이 정상적인 사회생활을 할 필요가 없기 때문입니다. 그래서 시한부종말론이 무서운 것입니다. 여호와의 증인은 현대 시한부종말론의 원조로 불립니다. 1874년과 1914년에 세상이 끝날 것이라고 주장했으나 두 번 다 불발에 그쳤습니다.

'비유풀이'를 알아야 구원에 이른다고 세뇌시킵니다. 기독교 이단들의 공통적인 특징 중의 하나가 '비유풀이'입니다. 그들은 성경의 대부분이 비유와 상징으로 되어있다고 주장합니다. 비유풀이를 알아야 하나님의 뜻을 알 수 있고 구원에 이른다고 합니다. 그리고 비유풀이는 예수의 영이 임한 이 시대의 재림주인 자신들만이 해석하고 설명할 수 있다고 주장합니다. 신천지를 비롯하여 JMS, 통일교, 하나님의교회(안상홍증인회)가 여기에 해당합니다.

　이단의 성경공부에 빠지지 않기 위해서는 이단 예방교육을 받아야 합니다. 교회는 이 점을 염두에 두고 주기적으로 성도들에게 이단 예방교육을 실시해야 할 필요가 있습니다. 이단에 대해 모르면 너무 쉽게, 어처구니없이 당하지만, 그들의 포교방법과 성경공부 방법을 미리 알고 있으면 쉽게 빠지지 않습니다. 아무튼 교회 밖에서 하는 성경공부는 절대로 하지 말아야 합니다. 그러나 그보다 더 중요한 것은 성경의 메시지에 대한 올바른 이해입니다. 기독교 신앙의 핵심이 무엇인지, 구원이란 무엇인지 등 신앙의 정체성을 올바르게 확립하고 이단 예방을 위한 분별력을 키워야 합니다.

2. 중독성 사고의 특징

⬦⬦⬦⬦⬦⬦⬦⬦

이단 신도들의 과도한 종교행위는 세뇌와 중독의 관점으로 바라보아야 합니다. 앞서 언급한 바와 같이 이단은 신도들에게 자신의 교리를 세뇌시킵니다. 종말신앙을 강조하며, 교주를 이 시대의 재림주로 믿게 합니다. 그리고 신도들이 가장 갈급해하는 부분을 집중적으로 채워줍니다. 갈증이 채워진 신도들은 서서히 이단의 구성원으로 자리 잡게 됩니다. 세뇌되고 중독되는 것입니다.

이단의 성경공부에 의하여 세뇌된 교리는 중독성 사고를 불러일으킵니다. 이단에 한 번 빠지면 완전 딴 사람이 되는 이유가 여기에 있습니다. 중독성 사고는 혼자서는 끊기 어려운 왜곡된 사고입니다. 중독자들은 자신이 하는 말은 완벽하다고 생각하지만, 스스로 일관성 있고 건전한 결정을 내리지 못합니다. 이런 점에서 이단의 교육 시스템은 중독성 사고를 조장하는 시스템입니다. 이단 신도들이 종교적 행위를 일사불란하게 수행하는 것은 일종의 중독 행위입니다. 그러나 그들에게는 자신의 역할에 대한 선택권이 없습니다. 이단의 중독 시스템은 폐쇄적이기 때문입니다.

'중독'이라는 말은 세계보건기구(WHO)가 약물남용의 위험성을 경고하기 위해 사용하기 시작했습니다. 일상의 삶을 황폐하게 만드는 어떠한 대상에 지속적으로 의존하고, 그 대상에서 빠져나오지 못하면 중독으로 볼 수 있습니다. 이단 종교중독 역시 다른 중독과 마찬가지로 당장은 고통스런 현실과 감정으로부터 벗어나게 해줍니다. 그러나 약물 오남용과 알코올중독과 같이 결국은 파괴적인 손상을 줄 수 있습니다. 이단 종교중독은 종교라는 틀 속에서 은밀한 가운데 행해지므로 본인은 정작 질병으로 인식하지 못한다는 점이 더 큰 문제입니다. 이런 점에서 이단 종교중독은 감추어진 종교적 질병이라고 할 수 있습니다. 이단 종교중독이 오래 지속되면 결국 자기비하와 분노, 우울, 모멸감, 허탈감 등의 정서를 갖게 됩니다. 심하면 정신분열증으로까지 이어질 수 있습니다. 이러한 증상은 이단탈퇴자들이 보이는 공통적인 현상입니다.

사고의 왜곡

중독자들은 '사고의 왜곡'이라는 행동 패턴을 나타냅니다. 정신폭력 전문가인 아브라함 트월스키(Abraham Twerski)는 자신의 저서 『중독성 사고』에서 중독자들의 '사고의 왜곡' 현상에 대하여 다음과 같이 설명합니다. "중독자들에게 사고의 왜곡 현상이 발생하는 이유는 중독자가 자신의 생각에 심취되어 자기 자신을 기만하기 때문이다."

왜곡된 사고의 특성은 상식적인 측면에서 접근하면 이해할 수 없습니다. 이단에 빠진 신도들의 경우가 여기에 해당됩니다. 이단에서 수년간 활동하다 탈퇴하고 회심한 신도들은 지난날 자신들의 행동과 믿었던 교리들을 생각하면 너무 어이없어하고 황당해합니다. 도무지 말이 안 되는 실체를 재림주로 믿고 있었던 자신들의 지난날의 모습에 대하여 한없이 부끄러워합니다. **그들이 이단 교주와 교리를 믿었던 것은 중독 시스템 속에서 왜곡된 사고에 세뇌되었기 때문입니다.** 왜곡된 사고가 지속되면 현실 인지 능력이 급격히 저하됩니다. 전체를 보는 균형감을 상실하기 때문입니다. 이것이 이단 종교중독의 본질입니다. 중독 임상심리학자인 앤 윌슨 섀프(Anne Wilson Schaef)는 왜곡된 사고를 발생시키는 심리적 현상을 다음과 같이 설명합니다.

> 실제 현실을 왜곡하려면 우리가 직접 경험하는 내용이나 우리 몸이 보내는 메시지, 나아가 우리의 내면적 자아를 부정해야 한다. 그래서 우리의 행동은 갈수록 비정상이 된다. 그러나 우리 스스로는 우리가 더욱 논리적이고 합리적으로 행동한다고 착각한다.[3]

이는 자신이 믿고 있는 실체에 대한 객관적 인지 능력이 저하된 현상입니다. 이단 신도들이 교주가 죽지 않고 영생불사한다고 믿거

---

3   앤 윌슨 섀프, 『중독사회』, 강수돌 옮김, (서울: 이상북스, 2016), 134.

나, 자신들이 14만 4천 명 안에 들어 이 땅의 제사장이 될 것이라고 믿는 사고는 폐쇄적 중독 시스템 안에서 형성된 전형적인 왜곡된 사고로 설명이 가능합니다.

희소성 모델

중독성 사고는 앤 윌슨 섀프가 『중독사회』에서 주장한 '희소성 모델'로도 설명할 수 있습니다. 희소성 모델이란 물질이 희소하므로 모두가 골고루 나눌 수 없다는 개념입니다. 따라서 희소성은 집착을 낳고 집착은 중독을 낳게 됩니다. 이단에서의 희소성 모델은 다음의 두 가지로 설명할 수 있습니다.[4]

첫 번째는 구원을 빌미로 희소성 모델을 작동시킵니다. 이단에서는 신도들로 하여금 희소한 구원을 쟁취하기 위하여 모든 것을 희생하도록 유도합니다. 특히 요한계시록에 기록된 상징 숫자인 14만 4천 명을 실제 수라고 주장하며, 신도들로 하여금 여기에 포함되어야 제사장이 된다고 세뇌시킵니다. 세뇌된 신도들은 14만 4천 명 안에 들어가는 것을 목표로 전 삶을 바칩니다.

두 번째는 시한부종말론을 강조하며 희소성 모델을 작동시킵니다. 개인적 종말은 영원한 죽음을 뜻하므로 사람은 누구나 종말을

4　조믿음, 바른미디어 인포그래픽, 사이비 종교의 메커니즘 참고.
　　http://www.young119.net/news/articleView.html?idxno=697

두려워합니다. 이단 교주들은 성경을 왜곡하여 신도들을 통제합니다. 자신을 계시 받은 선지자라고 주장하며 죽음을 두려워하는 이에게 종말의 때와 시를 알려줍니다. 그리고 자신과 함께하면 영생할 수 있다는 말로 미혹하여 자신에게 집착하게 만듭니다. 이는 전형적인 희소성 모델이며, 터널비전에 빠지게 만드는 수단이 됩니다.

터널비전 현상

상기와 같이 희소성 모델이 작동되면 이단 신도들은 자신이 목표로 하는 14만 4천 명 외에는 아무것도 보지 못합니다. 또한 시한부종말론을 맹목적으로 믿게 됩니다. 이러한 심리적 현상을 '터널비전 현상'이라고 합니다. **터널비전 현상이란 자신이 관심을 가진 한 가지 외에는 그 어떤 것도 보지 못하는 심리 현상입니다.** 주변에 대한 시각이 소실됨으로써 제한된 시각만을 갖게 되는 것이지요. 흔히 눈앞의 상황에 집중하느라 주변에서 일어나는 현상을 제대로 이해하지 못할 때 이 말을 씁니다. 예를 들면 어두운 터널을 자동차로 운전할 때 터널의 출구만 밝게 보이고, 주변은 온통 어두워져서 보이지 않는 현상을 말합니다. 이러한 현상이 발생하면 운전자는 상황 판단 능력이나 주변 이해 능력이 저하되므로 사고 위험이 커질 우려가 있습니다.[5]

이단에 중독된 사람들에게 있어서 희소성 모델과 터널비전 현상은 교주와 관련이 깊습니다. 터널비전에 빠지면 다른 사람들과의 상식적인 교제가 축소됩니다. 다양한 사람들과의 상호작용이 필요하지 않습니다. 그들은 오직 한 사람, 교주에게만 주목합니다. 그런데 교주는 신도들에게 구원박탈에 대한 두려움을 갖게 합니다. 통제하는 것이지요. 결국 과도한 종교행위를 촉발시킵니다. 이는 신도들의 삶을 짓누르는 원인이 되고 신도들은 더 깊은 터널 속으로 들어가게 됩니다.

보상독점 구조

종말에 대한 공포는 의존성을 불러오고 두려움은 중독에 의존하게 만듭니다. 따라서 이단 신도들은 자신의 두려움을 해결해 줄 수 있는 종교행위에 더욱 빠져들게 됩니다. 그리고 공포가 불러온 의존성은 '보상독점 구조'를 낳게 되는데, 보상독점 구조란 신도들에게 필요한 모든 것을 다 자신들의 집단 내에서만 충당하도록 만드는 구조입니다.[6]

이단에 빠진 신도들은 14만 4천 명에 포함되어야만 구원받는다고 생각합니다. 이는 희소성 모델로 인해 터널비전에 빠진 심리입니다. 이들에게는 다양한 인생의 선택 폭은 제한됩니다. 이들은 자

---

5   데이비드 맥레이니, 『착각의 심리학』 박인균 옮김, (서울: 추수밭, 2012), 220.

6   조민음, 『이단백서』 (서울: 바른미디어, 2019), 46.

신이 속한 집단을 떠나면 구원에서 제외된다는 두려움을 갖고 있습니다. 이때 교주는 신도들의 두려움을 보상독점 구조로 해결합니다. 그리고 철저하게 교주 및 자신들의 교리에 예속된 삶을 살도록 신도들을 조종합니다. 이런 상태에 이르면 예전의 전통적인 가족 개념은 머릿속에서 사라지게 됩니다. 이단에 빠진 사람들이 이혼하고, 직장을 퇴사하고, 가출하는 이유가 여기에 있습니다. 이들은 자신이 속해 있는 종교집단이 가족보다 더 의미 있는 공동체라고 세뇌되었기 때문입니다.

일본의 의존증 심리학자인 이소무라 다케시는 이단에서 발생하는 모든 보상은 오직 교주 한 사람의 손에서만 부여된다는 점을 지적합니다. 이는 이단 교주들이 공통적으로 신도들을 지배하고 통제하는 수단입니다.[7] 이단 신도들은 교주 이외의 사람들에게는 보상을 받으면 안 되는 것으로 세뇌되어 있습니다. 이단에 빠진 사람들이 가족을 포함하여 모든 인간관계를 차단하는 이유가 여기에 있습니다.

사람 의존성

사람 의존성이란 내면의 깊은 공허함을 채우기 위해 사람들에게 집착하는 심리입니다. 이단에 빠진 신도들에게 있어 자신이 속

---

7   이소무라 다케시(磯村 毅), 『이중세뇌』 이인애 옮김, (서울: 도서출판 더 숲, 2010), 75-79.

한 종교집단은 절대적인 의존 대상입니다. 어쩌면 이 세상에서 자신의 욕구를 처음으로 해소시켜준 집단일 수 있습니다. 특히 교주는 이상적인 대상으로서 자신의 꿈과 목표를 보상해 주는 절대적인 의존 대상으로 기능합니다. 이단중독에 쉽게 빠지는 이유입니다. 이러한 심리가 과다하면 정체성 혼란과 함께 늘 절대적인 의존 대상을 찾게 됩니다. 그것의 극단적인 모습이 우상숭배입니다. C.S.루이스(Clive Staples Lewis)는 사람 의존성을 인간의 '구부러진 형상'으로 설명합니다. 인간의 타락한 모습은 창조주를 향해 똑바로 서있는 모습이 아니고 피조물인 사람들을 향해 '구부러진 형상'(bent)으로 서있는 모습입니다. 이단 신도들이 교주에게 병적으로 의존하는 모습이야말로 대표적인 인간의 구부러진 형상이라고 할 수 있습니다.

3. 우상숭배와 영적 학대의 실상

✦✦✦✦✦✦✦✦

우상숭배란 상대적이고 일시적인 것들을 과대평가하여 그것들에 집착함으로써 궁극적인 가치들이 무시되는 현상입니다. 심리적으로는 그의 소원과 두려움을 다른 대상에게 투사할 때 발생합니다. 이단에서는 교주가 하나님을 대신하고 교리가 진리를 대신하고 있습니다.

우상숭배

이단에 빠진 신도들에게 교주는 우상숭배의 대상입니다. 6년간 신천지를 경험했던 어느 자매의 간증입니다.

집회 중 이만희 교주가 왔다. 그토록 단정하고 경건해 보이던 사람들이 교주를 보자 돌변했다. 박수를 치며, 손을 흔들며, 눈물을 흘렸다. 그것을 보는 순간 의심이 확 들기도 했다. '뭐지 이 모습은? 북한이나 사이비 집단에서나 볼 수 있는 모습이 아닌가? 교회에서 왜 이런 모습을 보이지?' 처음에는 의심을 했었지만 3개월이 지나자 바뀌기 시작했다. 3개월 뒤 교주가 다시 집회 장소에 방문했을 때 나도 모르게 눈물이 나왔다. 열광적으로 박수를 쳤다. 왜냐하면 3개월 동안 교육을 통해 그분이 이 시대의 약속의 목자요, 그분이 있는 이곳이 약속의 성전이라며 날마다 세뇌를 당했기 때문이다.[8]

그렇다면 어떠한 사람들이 우상숭배자가 될 가능성이 많을까요? 어린 시절 부모로부터 적절한 공감과 인정을 받지 못한 사람들입니다. 이들에게는 불신이 발달되어 있습니다. 자신이 어려울 때 도와줄 사람이 없다고 생각하기에 늘 불안합니다. 그러나 불안하게는 살 수가 없습니다. 그래서 이들은 자신을 도와주고 보호해줄 무엇인가를 만들어냅니다. 자신의 불안한 심리를 커버해줄 믿음의 대상을 만드는 것이지요. 이것이 우상숭배입니다. 불안을 회피하기 위한 일종의 방어기제입니다. 심리적으로 불안한 사람들이 우상숭배자가 될 가능성이 높습니다. 이처럼 우상은 불신과 불안한 심리를 바탕으로 성장합니다. 기성교회와 사회를 믿지 못할수록 불안감은 증가하며 이를 대체할 우상 역시 증가합니다.

이단피해자 상담을 하다보면 의외로 똑똑한 학생들, 인텔리 사회인들을 상담하게 되는 경우가 있습니다. 이들이 이단에 빠지는 심리적인 이유 중의 하나는 이단에서 '안전욕구'를 해결받기 때문입

---

8 김미경, 『이단 신천지 대처법 AtoZ』 (경기: 기독교포털뉴스, 2013), 42-43.

니다. 안전욕구란 인정받고 보호받고 싶은 욕구입니다. 이들은 눈앞에 보이는 살아있는 구원자를 숭배합니다. 눈에 보이지 않는 신이 하는 말은 좀처럼 믿기가 어렵습니다. 눈앞에 보이는 숭배자로부터 인정받고 그의 말을 이행할 때 안전욕구가 채워집니다. 이것이 우상숭배입니다.

우상숭배는 신앙적으로 건강한 삶을 제한합니다. 미국의 목회상담학자 웨인 오츠(Wayne Oates)는 우상숭배자의 종교성에 대하여 다음과 같이 지적했습니다. "자기가 의지하는 숭배 대상이 결국은 유한하고 무력한 존재라는 것을 깨닫게 되면서 그의 병든 신앙은 더 깊어질 가능성이 있다."고 했습니다.[9]

이러한 사례가 한국에서도 종종 발생되고 있습니다. 많은 청년들이 이단에 빠져 활동하고 있는데, 이들 청년들의 상당수는 다시 이단을 탈퇴합니다. 탈퇴한 이후 이들은 영적으로 심리적으로 힘들어합니다. 이들 청년들이 이단에서 한창 활동할 때는 교주를 이 시대의 구원자, 예수의 영이 임한 자라고 확신했습니다. 그러나 교주에 대한 환상이 깨어졌을 때는 공황상태에 가까운 분노와 허탈감에 자신을 추스르기 힘들었다고 합니다. 비록 이단을 탈퇴하여 회심하였다 하더라도 신앙적·심리적으로는 이미 병든 상태에 있다고 볼 수 있습니다.

---

9 웨인 오츠, 『신앙이 병들 때』, 정태기 옮김, (서울: 대한기독교출판사, 2002), 26.

영적 학대

이단에서 발생되는 영적 학대는 교주가 인간의 자유를 종교적인 명분으로 빼앗아 자신의 권력으로 삼을 때 발생합니다. 이단에서 교주의 존재는 이 시대의 구원자로서 추앙받는 숭배의 대상입니다. **교주와 신도들의 관계는 대등한 관계가 아닌 철저한 종속관계입니다. 영적 학대가 발생할 수 있는 위계적인 구조입니다.**

영적 학대의 개념을 선구적으로 연구한 학자는 미국의 기독교 상담가인 데이빗 존슨과 제프 반본데른(David Johnson and Jeff Van-Vonderen)입니다. 이들은 영적 학대를 다음과 같이 정의합니다.

> 영적 학대란 영적 권위자가 자신의 지위나 특정한 교리나 행동양식을 고수하는 과정에서 자신의 생각에 의문을 제기하거나, 자신의 주장에 동의하지 않거나 자신이 바라는 대로 행동하지 않는 신자들이 있을 경우, 영적 권위자 자신의 만족을 위해 혹은 자신의 지위나 소신을 지키기 위해 말이나 행동으로 다른 이를 괴롭히거나 그들의 신자로서의 지위를 해침으로써 그들에게 해를 입히는 것이다.[10]

이처럼 영적 학대는 종교지도자가 자신의 목적을 달성하기 위

---

10 데이빗 존슨 & 제프 반본데른, 『말씀 선포, 혹은 영적 학대』 김광남 옮김, (고양시: 비전북, 2012), 37-38.

해 종교적 권위와 그 직책을 활용하여 자신을 따르는 신도들을 지배하고, 착취하는 것입니다. 이 점에 대하여 미국의 종교사회학자인 로널드 엔로스(Ronald Enroth)는 "종교지도자가 종교적 권위를 이용해서 그에게 의존된 신도들을 억압하고, 조종하고, 착취하여 자신의 목적을 하나님의 뜻인 것처럼 따르게 하는 행위"라고 하였습니다.

영적 학대자들의 공통점은 하나님 말씀인 성경을 가지고 종교적 학대를 자행하는 것입니다. 성경말씀으로 행해지는 학대는 신도들의 영혼과 마음에 깊은 상처를 남깁니다. 학대받은 신도들은 정상적인 생활을 할 수 없게 됩니다. 그렇다면 이단에서는 왜 영적 학대가 발생하는 것일까요?

영적 학대는 왜 발생하는가?

첫째, '힘의 불균형'이라는 비대칭적 권력관계에 기인합니다. 이단 교주들은 종교적 권력으로 신도들을 통제합니다. 그들의 설교하는 모습은 자신만만하고 확신에 차 있습니다. 이러한 태도는 유약한 신도들에게는 이상적인 모습으로 비춰지며 의존적인 관계로 발전하는 토대가 됩니다.

이단 교주는 하나님의 대리자로서 영향력을 행사합니다. 자칭 재림예수이며 이 시대의 구원자이기 때문입니다. 이 집단에 속해 있는 신도들이 교주의 권위에 도전하는 것은 하나님의 권위에 도전하는 것과 같습니다. 감히 상상도 할 수 없는 일입니다. 이는 극단적인 '힘의 불균형' 상태 때문입니다. 어느 단체보다 학대가 쉽게 발생할 수 있는 구조입니다. 이러한 신적 권위를 이용하여 교주들은 자신을 따르는 신도들이 집단을 떠나지 못하도록 평소 두려움을 심어줍니다.

힘의 불균형은 철저한 위계구조를 만들어냅니다. 이러한 구조에서 비윤리적인 영적 학대가 야기됩니다. 대표적인 사례는 교주가 여신도들을 성폭행하는 사건입니다. 이 문제로 인하여 만민중앙교회의 이재록은 징역 16년을 선고받고 복역 중입니다. 성락교회의 김기동 역시 여신도 성폭행 사건으로 언론에 보도되었습니다. JMS의 정명석은 이 문제로 인하여 중국으로 도피 중 송환되어 법원으로부터 10년 형을 선고받고 복역하였습니다. JMS 정명석의 성문제에 대하여 JMS피해대책협회에서는 다음과 같이 기자회견을 한 바 있습니다.

JMS의 핵심 교리는 원죄를 성적 타락으로 풀어간다. 타락한 사람들이 복귀되려면 예수격 인물인 정명석과 관계를 통해야 하는데, 이러한 사상에 세뇌된 여성들이 성적 대상이 된다고 설명했다. 그리고 정명석과 관계를 맺는 것이 가장 높은 차원의 구원이며 그렇게 관계한 여성들은 하늘 신부로 불려서 그들에게는 오히려 그것이 기쁨으로 받아들여진다고 말했다. 그러나 해당 여성이 교리적 마법에서 깨어나면 그것보다 더한 수치는 없

다며 이것이 JMS에서 탈퇴한 여성들이 심리적 공황 상태에 빠져
고통을 겪고 있는 이유라고 말했다.[11]

이처럼 이단 교주들은 자신의 절대적인 권위를 교리와 연계하
여 영적으로 예속되어 있는 여신도들을 성적으로 학대합니다. 피
해자들은 정명석을 재림주라 믿었고 그의 절대적인 권위에 복종
했습니다. 힘의 불균형에 의한 영적 학대가 이루어진 것입니다.

둘째, 이단 교주들에 의한 '성경해석의 오남용'에 기인합니다.
대부분의 이단에서 이루어지는 영적 학대는 그들만의 독자적인 성
경해석과 밀접한 관계가 있습니다. 이단에서의 영적 학대는 성경해
석의 오남용의 역사와 함께 출발했다고 해도 과언이 아닙니다.

"이에 예수께서 제자들에게 이르시되 누구든지 나를 따라오려
거든 자기를 부인하고 자기 십자가를 지고 나를 따를 것이니
라"(마 16:24).

이단에서는 '자기를 부인하고 자기 십자가를 지고 나를 따르라'
는 말이 대개 교주들의 지시와 요구에 순응하라는 교리로 변질됩니
다. 그리고 변질된 교리는 신도들을 영적으로 학대하는 도구로 사

---

11   정윤석, "정명석과 성관계로 구원 가르쳐", 기독교포털뉴스(2012. 3. 28).

용됩니다. 역설적이게도 기독교 신앙의 핵심인 십자가의 진리와 생명의 문제가 이단에서는 교주들의 권위를 유지하는 영적 학대의 도구로 활용됩니다.

영적 학대의 도구로 활용되는 성경해석 오남용의 근거는 모든 이단들이 사용하는 교리서와 경전입니다. 신천지의 경우는 『요한계시록의 실상』과 『신탄』이 있습니다. 하나님의 교회는 『하나님의 비밀과 생명수의 샘』, 『확실한 증거』 등이 있습니다. 통일교는 『원리강론』이 대표적이며, JMS의 경우는 '30개론'이 대표적입니다. JMS의 30개론에 경도되어 30여 년을 JMS에 몸담았다가 회심한 김경천 목사는 자신이 적그리스도에 빠졌던 사실을 기억하고 인정하는 것은 죽음처럼 힘든 일이었다고 고백합니다. 허탈감에 자살까지 생각했었다고 합니다. 이러한 고백에 비추어볼 때 그가 JMS에서 보낸 지난 30년은 이단 교주의 성경해석 오남용에 의한 '영적 학대'를 경험한 시기였다고 할 수 있습니다.

셋째, 종교중독에 의한 '주도성 상실'에 기인합니다. 주도성 상실이란 종교 권력에 대해 맹목적이고 무비판적으로 순응하는 태도를 말합니다. 미국의 사회심리학자인 에리히 프롬(Erich Pinchas Fromm)은 인간이 권력에 저항하기보다는 순응을 택하는 이유에 대하여 "인간이 권력자에게 순응하는 이유는 권력의 속성상 폭력의 불가피함과 자기 보호 욕구가 좌절되는 것에 대한 공포 때문이다."라고 설명합니다.[12]

이러한 모습은 폐쇄적인 종교집단에서 흔히 발생합니다. 자신의 주도성을 상실한 신도들은 이를 대체하기 위한 수단으로 종교지도자를 떠받듭니다. 그리고 종교지도자에게 인정받기 위해 종교행위에 집착합니다. 신도들이 가진 재능과 능력은 종교지도자의 욕구를 만족시키는 데 이용됩니다. 이들은 영적으로 학대받으면서도 종교지도자의 인격과 이기주의를 알지 못합니다. 이는 전형적인 '종교중독'의 한 유형입니다. 이러한 모습은 대부분의 이단에서 공통적으로 나타나는 현상입니다. 그렇다면 **신앙인으로서 주도적인 삶이란 어떠한 삶일까요? 그것은 '자신의 한계를 인정하고 하나님과의 관계 속에서 자신의 결단으로 살아가는 것'입니다.** 그러나 주도성을 상실한 사람들은 종교지도자에게 의존하여 그에 대해 순응하는 태도로 삶의 문제를 해결하고자 합니다. 이들은 자신을 영적으로 학대하는 종교지도자에게 '아니오'라고 이야기하지 못합니다. 오히려 그들을 기쁘게 하고 인정받고자 자신을 희생합니다. 이단에서 탈퇴한 어느 여자 청년과의 상담내용입니다. 그는 이단에 있었을 때의 삶을 다음과 같이 이야기하였습니다. 이 청년 역시 자신의 주도성은 전혀 없었습니다.

---

12 에리히 프롬은 인간이 권력에 순응하는 이유에 대하여 '권력이 억압기제로서 폭력을 수반하기 때문'이라고 본다. 폭력을 통해 발생된 억압의 두려움과 불안이 인간을 권력 순응적으로 만든다고 하며, 또한 개인에 의해 형성된 초자아로부터 '처벌에 대한 불안'이 자기 스스로 권력에 저항하는 세력들을 처벌하고 그에 대한 저항을 금지하는 명령을 스스로 하기에 인간은 권력에 순응한다고 한다. (Fromm, *Vom Haben zum Sein*, 94-101).

상담사 : 실제로 밥을 못 먹고 전도하러 다닌 적이 있었나요?

내담자 : 네, 밥을 먹을 시간이 없었어요. 하루에 진짜, 한 끼만 먹고 일할 정도로 바빴어요. 어떤 날은 김밥 한 줄로 하루를 보내기도 했어요. 먹더라도 열매(신천지에서 전도 대상자를 일컫는 말: 편집자 주)를 전도하기 위해서 필요할 때만 내 돈을 써서 먹는 거죠. 고시텔 밥으로 한 끼를 때우기 급급했어요.

이처럼 이단에서의 삶은 '영적 학대의 삶'이라고 할 수 있습니다. 그들의 신도관리는 종교권력에 의한 과도한 통제입니다. 신적인 존재인 교주와 신도 사이에는 철저한 위계구조가 존재합니다. 힘의 불균형에 의한 비대칭적 권력관계, 성경해석의 오남용, 종교 중독에 의한 주도성의 상실로 대변되는 이단의 속성은 영적 학대가 이루어지는 토양이 되고 있습니다.

이단 신도들에게는 자율성이 없습니다. 개인의 운명을 교주가 결정하고 그 책임은 개인이 지는 구조로 영적 학대가 자행되고 있습니다. 그들에게는 이성교제, 여행, 대인관계 등 모든 사생활의 영역에서 간섭이 이루어집니다. 오직 자신들의 집단을 위한 삶만이 강요됩니다. 이러한 모습은 한 인격으로서 존중받는 삶이 아니라 종교적 시스템에 의해 희생되는 영적으로 학대당하는 삶입니다.

4. 이단 교주의 그루밍 성(性) 착취

◇◇◇◇◇◇◇◇◇

심리적 지배자와 성폭력

'그루밍(grooming)'은 마부(groom)가 말을 빗질하고 목욕시켜 말 끔하게 꾸민다는 데서 유래한 것으로 원래 동물의 털 손질, 몸단 장, 차림새라는 뜻을 가진 단어입니다. 그루밍 성범죄는 먼저 가 해자가 피해자에게 호감을 얻거나 돈독한 관계를 만들고 서서히 피해자를 심리적으로 지배한 뒤 성폭력을 가하는 범죄입니다. 보 통 어린이나 청소년 등 미성년자를 정신적으로 길들인 뒤 이루어 집니다. 그루밍 성폭력 피해자들은 피해 당시에는 자신이 성범죄 의 대상이라는 것조차 인식하지 못하는 경우가 많습니다. 일반적 으로 교사와 학생, 성직자와 신도, 복지시설의 운영자와 아동, 의 사와 환자 등의 관계에서 나타나는 경우가 많습니다.[13]

그루밍 성범죄는 특히 종교집단에서 빈번하게 발생합니다. 이 단 교주에 의하여 발생하는 것이지요. 대표적인 사례가 성범죄로 10년 형을 선고 받고 구속 수감되었다가 2018년 2월에 출소한 JMS

---

13   네이버 지식백과, 시사상식사전.

정명석입니다. 2018년 이후 사회적 이슈가 된 대표적인 사례는 한국교회가 이단으로 규정한 만민중앙교회 이재록의 성범죄입니다. 이재록은 그루밍 성범죄로 실형을 선고받았습니다.

그루밍 성범죄자들은 피해자에게 계획적으로 접근합니다. 공통의 관심사에 대하여 대화하면서 결핍을 채워줍니다. 신뢰를 쌓아가며 심리적으로 서서히 지배해가는 것이지요. 그리고 어느 정도 신뢰가 쌓이면 성적 접촉을 시도합니다. 피해자가 성적 가해 행동을 자연스럽게 받아들이도록 길들이면서 결국 자신의 목적을 달성합니다. 피해자가 이러한 상황을 벗어나려 하면 폭로를 막기 위해 회유하거나 협박합니다. 피해자들은 자신이 성적으로 학대당했다는 사실을 그 당시에는 잘 인식하지 못합니다. 실제로는 가해자의 치밀한 계획에 의한 피해임에도 불구하고 표면적으로는 성관계에 동의한 것처럼 보이는 경우가 많아 문제가 심각합니다. 수사나 처벌이 어려운 이유가 이 때문입니다.

만민중앙교회 이재록의 경우는 여신도 8명을 4년간 수십 회에 걸쳐 지속적으로 성폭행한 혐의로 재판에 넘겨졌습니다. 법원은 1심에서 징역 16년의 중형을 선고했는데 이는 이재록에 대한 피해 여신도들의 항거불능 상태를 인정한 것입니다. 종교적 항거불능 상태란 피해자가 영적, 심리적으로 반항이 불가능한 상태를 말합니다. 피해자들은 이재록을 하나님처럼 떠받드는 상태였고, 이재록의 행위를 하나님의 뜻으로 받아들였습니다. 피해 여신도들을 정신적으로 길들인 뒤 성적 착취를 자행한 전형적인 그루밍 성범

죄였습니다.[14]

종교집단에서 이러한 일이 발생하면 피해 당사자는 그것을 종교적 행위로 이해합니다. 거기에는 선악의 기준도 없고 옳고 그름의 잣대도 없습니다. 오직 종교적 순종과 불순종의 잣대만 있을 뿐입니다. 이런 점에서 이단에서 발생되는 그루밍 성범죄는 교주가 원인 제공자이고 가해자입니다.

거부할 수 없는 위계구조

이단에서 교주는 신적인 존재입니다. 신도들은 그의 권위에 절대 복종합니다. 신도들은 신적 존재인 교주를 판단하거나 의심하는 것은 큰 죄악이라고 생각합니다. **이러한 종교적 위계구조는 그루밍 성범죄가 일어나는 환경이 될 수 있습니다.**

피해자들은 어린 시절부터 만민중앙교회에 다녔으며 이재록의 종교적 권위에 절대적인 믿음으로 세뇌되었습니다. 감히 의심하거나 거부할 수 없었습니다. 이재록을 의심하면 오히려 죄라고 생각했기에 순종할 수밖에 없었습니다. 이들 피해 여신도들은 절대적으로 신뢰했던 담임 목회자에 대한 배신감으로 큰 정신적 충격을 받았습니다. 또한 가장 아름다운 20대 시절이 평생 후회스럽고, 지우고 싶은 시간이 되었습니다.

---

14 이혜리, "신도 성폭행 이재록 목사, 그루밍 성범죄 인정", 경향신문(2018. 11. 22).

이단 그루밍 성범죄자는 피해자와 1:1로 만나는 상황을 만들어 갑니다. 그리고 관계 수위를 높여 가면서 결국 자신의 목적을 달성합니다. 피해자는 이미 심리적으로 예속되어 있기에 그의 요구를 거부할 수 있는 힘이 없습니다. 특히 정서적인 결핍이 있는 대상자는 애착 관계가 형성된 교주와 '분리'되는 것을 가장 두려워합니다. 이러한 피해자에게 교주는 '구원박탈'이라는 메시지를 주어 두려움에 떨게 합니다. 자신을 떠나지 못하게 하는 것이지요. 회유나 격려보다 두려움을 주는 것이 대상자를 지배하는 데 더 효과적이기 때문입니다.[15]

폐쇄된 종교집단인 이단에서는 교주와 신도 간에 일반 사람들이 이해할 수 없는 절대적인 위계질서가 구축되어 있습니다. 앞 장에서 설명한 바와 같이 절대적 권위를 가진 교주와 신도 간에는 '힘의 불균형'에 기인하는 비대칭적인 권력관계가 형성됩니다. 이러한 위계 구조하에서 발생하는 성폭력은 대부분 그루밍 성범죄입니다. 종교집단에서는 성숙하고 엘리트인 여성들도 평소 종교지도자로부터 영적·심리적으로 지배를 받게 되면 얼마든지 성폭력의 희생자가 될 수 있습니다.

---

15 지영근, 『신천지 세뇌방식과 탈세뇌』 (경기: 기독교포털뉴스, 2020), 72-74.

주의할 점

종교집단에서 발생하는 그루밍은 반복적인 단계를 거쳐 일어납니다. 이런 점을 감안하여 여신도들은 다음과 같은 점에 주의해야 합니다. "종교지도자가 개인적인 만남을 필요 이상으로 요청하는가?", "만남을 은밀히 하고자 하는가?", "일대일의 사적인 관계를 추구하는가?", "만남의 장소가 둘만 있는 밀폐된 공간인가?", "그간 은밀한 신체 접촉이 있었는가?" 혹시 이러한 점이 있었다면 주의해야 합니다. 그루밍 작업이 진행 중이기 때문입니다. 그러나 무엇보다도 현실을 직시하고 본인이 깨달아 조심해야 합니다. **종교지도자가 남성일 경우는 성적 본능이 있는 인간이라는 사실을 냉철하게 인식해야 합니다. 그리고 무엇보다 유혹을 거부하는 단호한 용기가 있어야 합니다.** 사안에 따라 전문기관의 도움을 받는 것도 필요합니다. 그때는 증거 확보가 필수적입니다. 증거를 확보하고 전문 기관의 도움을 받아 법적으로 처리하는 용기가 필요합니다. 그들은 가면을 쓴 성범죄자에 불과하기 때문입니다.

이단에 빠져 그루밍 성폭력 피해를 입은 여신도들은 스스로의 힘으로는 그 관계를 벗어나기 힘듭니다. 이미 영적·심리적으로 예속되어 있기 때문입니다. 누군가가 도움을 주어야 합니다. 일차적으로는 가족과 정통교회뿐입니다. 그들을 돕기 위해서는 그들이 왜 이단에 빠졌으며, 어떻게 세뇌되었고, 어떻게 성적 피해를 입었는지에 대한 연구와 지식이 필요합니다. 교회 내 평소 기독교 상담에 대한 인식의 제고와 제도적 장치 마련이 필요한 이유입니다.

5. 이단 교주의 가스라이팅

◇◇◇◇◇◇◇◇

가스라이팅(gaslighting)은 일종의 '**심리조작**'입니다. 타인의 심리나 상황을 교묘하게 조작해 그 사람이 스스로를 의심하게 만듦으로써 타인에 대한 지배력을 강화하는 행위입니다. 정신적으로 예속화하는 행동을 일컫는 심리학 용어로서 '기죽이기' 또는 '길들이기'라고도 합니다. 가스라이팅에 완전히 빠져들게 되면 주변에서 일어나는 안 좋은 일들은 모두 자신의 탓으로 돌리게 됩니다.

가스라이팅은 이단에서 흔히 나타납니다. 교주들은 신도들을 미혹한 뒤, 깊은 유대감을 형성하여 자신의 수하에 두고 삶을 조종합니다. 세상 종말을 강조하여 위기감을 갖게 합니다. 자신들에게만 온전한 구원이 있는 양, 선민의식을 심어 줍니다. 가스라이팅은 교주가 의도와 목적을 가지고 신도들에게 영향력을 행사하여 자신의 뜻대로 신도들을 조종하는 일련의 과정을 말합니다.

가스라이팅이라는 용어는 영국의 극작가 패트릭 해밀턴(Patrick Hamilton)이 연출한 1938년 연극 '가스라이트'에서 시작되었습니다. 내용의 줄거리는 재산을 노리고 결혼한 남편이 여러 속임수와 거짓말을 통해 멀쩡한 아내를 정신병자로 만드는 과정입니다. 이 영화에서 남편은 집안의 가스등을 일부러 어둡게 만들고는 부인이 집안이 어두워졌다고 하면, 그렇지 않다고 아내를 탓합니다. 이후 아내는 점차 현실감과 판단력이 흐려져 남편의 말에 의존하게 됩니다. 남편은 상황 조작을 통해 자신의 영향력을 키워나가며 아내를 자유자재로 조종합니다. 아내는 결국 자신에 대한 신뢰감을 잃고 자존감도 낮아집니다.

보통 가스라이팅이란 용어는 가스라이터(영향력 행사자)의 의도와 목적이 부정적이며 상대가 현실적으로 피해를 입는 경우에 씁니다. 가장 강력하고 흔히 볼 수 있는 가스라이터는 '이단 교주'입니다. 이들은 하나님의 이름으로 신도들의 재산이나 성을 착취합니다. 이단 교주들은 일반적으로 반사회적 성격이나 사이코패스 등의 성향을 보이며 타인에 대한 공감능력이 부족하고 자신의 이익이나 쾌락 중심의 행동을 하는 것이 특징입니다.

그런데 사람들은 왜 가스라이팅에 당하는 걸까요? **낮은 자기 존중감 때문입니다. 자기 확신이 부족하거나 그루밍으로 길들여져 있다면 가스라이팅에 당하기 쉽습니다.** 스스로에 대한 긍정적인 자아상이 불안정하기 때문이지요. 또한 의존적인 성향이 높은 사람들도 가스라이팅에 쉽게 당할 수 있습니다. 의존성을 충족하기 위해서는 상대방의 요구를 적극적으로 수용해야 하기 때문입니다. 이들은 문제가 있거나 잘못된 것을 알았을 때에도 적극적으로 맞대응을 하지 못합니다. 의존 대상인 상대방이 떠나갈 것에 대한 두려움이 있기 때문이지요. 가스라이팅은 청소년뿐만 아니라 성인이나 사회적으로 성공한 사람들도 당할 수 있습니다. 가스라이팅은 가랑비에 옷이 젖듯 서서히, 지속적이고 반복적으로 진행됩니다.

그렇다면 어떻게 가스라이팅을 예방할 수 있을까요? 상식적이어야 합니다. 어떤 상황에서도 객관적으로 나와 상대방을 바라보고 판단할 수 있어야 합니다. 다양한 사람들의 의견이나 피드백에 귀를 기울이는 것이 중요합니다. 어느 특정 인물의 말에만 의존한다면 그것은 위험할 수 있습니다. 결국 건강한 심리 상태를 유지하는 것이 가스라이팅으로부터 나를 보호하는 길입니다.

가스라이팅 친모 살인 사건

2021년 4월 24일 방송된 SBS 시사 프로그램 '그것이 알고 싶다'는 세 자매 친모 폭행 살인 사건을 다뤘습니다. 친모를 세 자매가 아주 오랜 기간 동안 잔혹할 정도로 폭행하여 결국에는 살해한 사건입니다. 해당 사건에는 여타 살인 사건과는 달리 교사범이 있었습니다. 세 자매의 카페에는 매일 드나드는 진 씨라는 여자가 있었습니다. 고급 외제차를 타고 다니며 카페 사장 행세를 했다는 그녀는 바로 상가 소유주의 아내였습니다. 그녀가 세 자매에게 보낸 문자에는 자기가 모시는 신이 피해자를 좋게 보지 않는다는 내용이 들어 있었습니다. 그녀는 세 자매에게 "정치인, 재벌가들과 연결될 수 있는 기를 가진 너희들이 엄마와 묶여있으니 안 된다. 그러니 엄마를 혼내줘라."는 이해할 수 없는 지시를 한 것으로 알려졌습니다. 진 씨는 세 자매에게 대통령까지 들먹이며 친모를 폭행할 것을 지시했습니다. 이에 세 자매는 "대가리를 깨서라도 잡을게요."라는 답을 진 씨에게 보냈다고 합니다. 평소 세 자매는 진 씨를 주인 모시듯 극진히 대했다고 인근 주민들은 말합니다. 진 씨는 세 자매에게 "엄마를 엄청 잡아놓아라. 엄마의 기를 방종하게 하면 안 돼. 잡아서 묶어라."라며 친모를 계속 학대할 것을 지시했습니다.

어떻게 딸들이 남의 말을 듣고 자기 엄마를 수 시간 동안 폭행해서 숨지게 할 수 있었을까요? 이 사건은 이단 종교단체의 의식과 비슷합니다. 이단에서 벌어지는 전형적인 가스라이팅 사건과 유사합니다. 대부분의 가스라이팅 범죄의 목적은 돈이나 노동 착취가 아니라 상대를 조종하면서 얻는 만족감에 있다고 합니다.

6. 이단에서 빠져나오지 못하는 심리

◇◇◇◇◇◇◇◇

이단에 빠진 사람들이 교주의 실체와 교리의 허구성을 깨닫고도 빠져나오지 못하는 사례는 흔합니다. 정상인의 상식으로는 이해할 수가 없습니다. 이단 신도들의 이해할 수 없는 심리를 인지부조화 이론으로 살펴보겠습니다.

인지부조화 이론이란 미국의 사회심리학자인 레온 페스팅거(Leon Festinger)에 의해 제시된 이론으로 '오류를 바로잡기보다는 생각을 바꿔버린다'는 이론입니다. **자신의 생각과 행동이 일치하지 않을 때 행동을 정당화하기 위해 자신의 생각이나 신념을 행동을 합리화하는 쪽으로 바꾸게 된다는 이론**입니다.

본 이론을 설명하는 고전적인 사례가 '여우와 신포도'이론입니다. 이 이야기에서 여우는 높은 곳에 매달려있는 포도를 보고 이를 먹고 싶어 하지만, 포도에 닿을 수 없다고 생각하자, 포도가 아직 덜 익었거나 실 것이라며 먹을 가치가 없다는 결정을 내립니다. 무언가를 원하는데 그것을 얻을 수 없다는 것을 알게 되면 그것을 비판하며 자신의 불편한 감정을 줄이는 것이지요. 행동에 맞춰 신념을 바꾸는 것입니다.

인지부조화 이론으로 바라본 이단 신도 이해

인지부조화가 발생하는 대표적인 집단이 이단입니다. 이단에 빠진 사람들이 이단이 잘못된 것인 줄 알면서도 빠져나오지 못하는 이유를 인지부조화 이론으로 설명할 수 있습니다.

1950년대 초에 미국의 시골 마을에서 있었던 일입니다. 어느 종교집단의 교주가 자신이 신으로부터 계시를 받았다고 주장했습니다. "조만간 큰 홍수가 닥칠 것이며 오로지 나를 믿고 따르는 신도들만 구출될 것이다."라는 주장입니다. 이를 믿은 사람들은 전 재산을 교주에게 맡기고 철야 기도에 들어갔습니다. 적지 않은 사람들이 교주의 주변에 모여 운명의 날을 기다렸습니다. 그러나 교주가 약속했던 운명의 날은 결코 오지 않았습니다. 그날에 아무 일도 일어나지 않았습니다. 교주는 신도들을 다시 모이게 한 후 이렇게 말했습니다. "당신들의 믿음에 힘입어 세계는 멸망의 문턱에서 구원을 받았다." 놀랍게도 이 말을 들은 신도들은 기뻐하며 축제를 벌였고, 이후로도 교주를 신실하게 믿었다고 합니다.

누가 봐도 교주가 사기꾼이라는 것을 알 수 있는 상황에서, 어떻게 정반대로 생각할 수 있었을까요? 이런 일은 우리나라에서도 종종 일어나고 있습니다. 대표적인 사례를 만민중앙교회의 일부 신도들의 모습에서 찾아볼 수 있습니다. 현재 만민중앙교회의 담임목회자였던 이재록은 여신도 성폭행 사건으로 16년 형을 선고받고 복역 중입니다. 대법원 확정판결까지 나왔음에도 불구하고 상당수의 신도들은 여전히 이재록은 죄가 없다고 믿고 있습니다.[16] 오히려 반대세력의 음해로 박해받고 있는 피해자라고 주장합니다. 이러한 신도들의 태도는 전형적인 인지부조화 이론에 부합됩니다. 그들에 게 있어서 평소 신처럼 떠받들던 이재록은 당연히 죄가 없어야 합니다. 이러한 신념과 합리화에 대한 신도들의 내적 요인은 이재록에 대한 자신들의 믿음이 깨지는 고통이 두렵기 때문입니다. 이재록을 파렴치한 성범죄자로 인정하게 되면 오랜 기간 추구해왔던 자신의 신앙이 부정당하는 것입니다. 이것은 자신의 모든 삶이 부정되는 견딜 수 없는 고통입니다. 따라서 자신의 지나온 신앙적인 삶과 앞으로 살아가야 할 신앙적인 삶을 위해서라도 이재록은 죄가 없다는 신념을 유지해야 합니다. 자신의 종교적 행위에 이재록은 죄가 없다는 자신의 신념을 맞추는 것이지요. 이러한 신도들은 더 열심히 신앙생활을 하는 모습으로 자기 자신을 합리화해나갑니다.

이러한 유사 사례는 신천지에서도 발견할 수 있습니다. 교주 이만희는 코로나19 사태가 확산되던 2020년 2월, 신천지 간부들과 공모해 방역 당국에 신도 명단과 집회 장소를 축소 보고한 혐의(감염병예방법 위반)로 구속된 바 있습니다. 또 신천지 연수원을 신축하는 과정에서 50억여 원의 교회 자금을 횡령한 혐의도 받고 있습니다. 이러한 사실이 언론에 보도되고 있음에도 불구하고 일부 신천지 신도들은 평소 재림주로 믿고 있던 이만희에 대한 맹목적인 신앙을 버리지 않고 있습니다. 신도들의 이러한 모습은 이만희에 대

---

16 만민중앙교회 비서실 발표자료(2018. 11. 22).

한 공판준비기일 방청권을 선점하기 위해 과잉 행동을 하는 것에서도 볼 수 있습니다. 신천지 신도들은 2020년 9월 17일과 28일에 진행된 공판준비기일 0시부터 줄을 서서 방청권을 확보하고자 했습니다. 전날 노숙까지 했다고 합니다. 이는 이만희에 대한 재판을 일반인들이 보지 못하게 하기 위한 움직임으로 이해할 수 있습니다.[17] 이들 신도들의 태도 역시 인지부조화 이론으로 설명할 수 있습니다. 이들 신도들에게 이만희는 여전히 세상으로부터 핍박받는 피해자입니다. 그들은 이만희의 범법 행위를 결코 인정하지 않습니다. 이만희의 범법 행위를 인정하면 그동안 믿고 있던 재림주라는 믿음이 깨질 수 있기 때문입니다. 이것은 신천지 신도들에게는 견딜 수 없는 고통이기에 현실을 부정하고 이만희에 대한 종교적 신념을 유지하는 것입니다. 감정적으로 판단하고 이성적으로 정당화합니다.

정리하면 그동안 신격화된 **교주의 범법행위와 사생활의 비리가 드러난다 해도 대개의 신도들은 자신들의 믿음이 깨지는 걸 원치 않기에 오히려 자신의 믿음을 더욱 강화하는 경향이 있습니다. 교주에 속았다고 생각하기보다는 자기의 행위를 합리화하며 더욱더 열성적으로 종교행위에 열심을 내는 계기로 삼습니다.** 이러한 심리적 작용은 이단 신도들이 그들이 속한 집단에서 빠져나올 수 없게 만드는 원인이 되고 있습니다.

---

17 편집부, "전락위기의 신천지", 「현대종교」 (2020. 11월), 52-53.

3장

이단 종교중독에 대한 심층심리학적 진단

이 장에서는 '이단에 빠진 사람들의 종교중독'과 관련된 다양한 심리적 현상에 대하여 설명합니다. 이단 종교중독의 문제는 심리적으로 깊게 들여다볼 필요가 있습니다. 중독의 근원이 되는 나르시시즘의 상처, 우상에 대한 욕구, 수치심과 분노 등 이단에 중독된 사람들의 핵심감정을 심층심리학 관점에서 살펴보겠습니다.

1. 나르시시즘, 지독한 자기사랑

◇◇◇◇◇◇◇◇

정서적으로 아픔이 있는 사람들은 늘 불안하고 외로움을 느낍니다. 이러한 정서는 어린 시절 '사랑의 결핍'이 원인일 수 있습니다. 유아 시절 충분한 돌봄과 지지를 받지 못한 양육 환경이 원인이 될 수 있습니다. 이를 심층심리학에서는 '나르시시즘의 상처'라고 합니다. 나르시시즘의 상처가 깊은 사람들은 어려움을 건강하게 처리해나 갈 수 있는 능력이 부족합니다. 그래서 자기 파괴적인 행동을 하거나 중독적인 방법을 취할 수 있습니다. 중독은 어떤 대상이나 행동에 지나치게 의존함으로써 마치 자신이 만족하지 못하는 무엇인가에 대해 보상받고자 하는 심리입니다. 이러한 심리는 자기 안에 있는 '결핍'에서 비롯되며 나르시시즘과 깊은 관계가 있습니다. 이들은 정서적 허기가 있기에 '친밀함'으로 다가와 자신의 허기를 채워주는 대상에게 쉽게 무력화됩니다. 이 부분을 이해하기 위해서는 먼저 나르시시즘에 대하여 살펴보는 것이 필요합니다.

나르시시즘(narcissism)

인간은 누구나 나르시시즘이 있습니다. 성장은 나르시시즘의 극복이라고 할 수 있습니다. 나르시시즘은 자기애(自己愛)라고 번역합니다. 나르시시즘은 자기의 육체를 대할 때 이성의 육체를 보듯하며 스스로 쾌감을 느끼는 심리를 말합니다. 이 말은 수선화(水仙花)가 된 그리스 신화의 미소년 나르키소스와 연관지어, 독일의 정신과 의사 파울 네케(Paul Näcke)가 1899년에 만든 말입니다. 먼저 나르키소스의 탄생과 죽음에 대하여 살펴보겠습니다.

나르키소스가 성장하여 열여섯이 되자 그의 아름다운 외모에 많은 소녀들이 반했습니다. 그러나 나르키소스는 그 누구에게도 관심이 없었습니다. 어느 날 나르키소스는 사냥을 하다가 갈증을 식히기 위해 샘물가에 왔습니다. 샘물을 먹으려 고개를 숙이자 물속에 아름다운 소년이 있었습니다. 너무나 아름다운 그 소년의 모습은 나르키소스의 마음을 빼앗아 버렸습니다. 물에 비친 대상에게 마음을 빼앗긴 나르키소스는 샘물 안의 대상을 안아보려고도 하고 두 팔을 벌려 잡아보려고도 했지만 그 대상을 잡을 수 없었습니다. 그는 자기 자신을 자기도 모르는 사이에 열망하게 되었습니다. 물속의 대상을 사랑하는 것은 자신을 사랑하는 것이었습니다. 자기 자신이 원하는 주체이면서 원하는 대상이었습니다. 그는 사랑하는 대상을 두고 도저히 샘물을 떠날 수 없었습니다. 날마다 물에 비친 자신의 모습을 보고 자신에 대한 사랑으로 애태웠습니다. 나르키소스는 이루지 못하는 사랑에 괴로워하다가 샘물가에서 스스로 삶을 마감하게 되었습니다. 모두가 그의 죽음을 슬퍼하였습니다. 그러나 그의 시신은 어디에서도 찾을 수 없었고, 대신 그 주위에는 노란 중심부가 하얀 꽃잎들로 둘러싸인 한 송이 꽃이 피었습니다. 이 꽃을 수선화(나르키소스)라고 부르게 되었습니다.

나르키소스의 이야기는 타인에 대한 거만한 태도, 자신의 아름다움에 대한 오만한 자신감, 자기 자신에 대한 사랑의 열망 등이 함축되어 있는 이야기입니다. 나르키소스의 자기애는 배타적이고 이기적인 성향의 사람들을 부정적으로 표현할 때 주로 사용되는 용어이기도 합니다. 이 시대의 많은 사람들이 자기만족을 위해 자기중심적인 삶을 살아가고 있습니다. 공주병, 왕자병 신드롬이 그것입니다. 남들보다 더 주목받고 싶고, 튀고 싶고, 달라야 한다는 심리가 일종의 나르시시즘이라고 할 수 있습니다.

프로이트는 나르시시즘을 미성숙한 심리로 보았습니다. 프로이트의 나르시시즘은 '사랑하는 마음이 타인을 향하지 못하고 자기 자신에게만 머물러있는 상태'입니다. 이러한 사람은 자신이 늘 관심의 대상이 되어야 합니다. 자기중심적이기 때문에 대인관계가 원만하지 못합니다. 정신분석에서는 이러한 상태를 '자기 자신에게 리비도(성적욕동)가 쏠려있는 상태'라고 합니다.

자기심리학을 주창한 현대 정신분석학자 하인즈 코헛(Heinz Kohut)은 나르시시즘을 발달과정의 건강한 잠재력으로 보았습니다. 성장과정에서 필수적인 것이며 평생 지속된다는 점에서 프로이트와는 다른 관점에서 설명합니다.

코헛의 관점에서 나르시시즘을 좀 더 살펴보겠습니다. 생애 초기부터 엄마에게 공감적인 반응을 받은 유아는 더할 수 없이 행복합니다. 엄마의 돌봄으로 유아는 "나는 참 좋은 사람이다."라고 자신을 인식하며 그지없이 행복해합니다. 사람은 누구나 초기 유아기의 이러한 행복한 상태를 유지하려는 무의식적인 욕구가 있는데 코헛은 이 욕구를 나르시시즘이라고 하였습니다. 그러나 반대로 유아가 엄마로부터 시기적절하게 공감과 돌봄을 받지 못한다면 어떻게 될까요? 유아는 나르시시즘에 상처를 입게 됩니다. 유아가 신체적으로 발달하기 위해서는 적절한 용량의 산소가 필요하듯 정신적인 생존을 위해서는 공감해주고 반응해주는 양육환경이 필요합니다. 그러나 아무리 완벽한 양육자라 할지라도 유아의 모든 욕구를 완전히 충족시켜 줄 수는 없습니다. 인간은 누구나 정도의 차이는 있겠지만 나르시시즘의 상처를 안고 살아가는 존재입니다. 그러나 유아기에 과도하게 나르시시즘의 상처를 경험하게 되면 성인이 되어서도 늘 정서적으로 외롭고 불안한 상태에 놓일 수 있습니다.

자기감(sense of self)

'자기감'은 자신에 대해 느끼는 주관적인 감각입니다. 사람은 자신에 대하여 괜찮다는 느낌을 가질 수 있으며, 반대로 스스로를 못났다고 느낄 수도 있습니다. 이 느낌은 무의식에서 발현됩니다. 의지적으로 좋은 느낌만을 가지려 해도 어쩔 수 없이 부정적인 느낌이 들 수도 있습니다.

　건강한 자기감은 나르시시즘의 욕구가 적절히 충족될 때 형성됩니다. 때문에 건강한 자기감이 형성되려면 유아 시절 공감적이고 반응적인 양육환경이 필요합니다. 따라서 나르시시즘의 상처가 깊은 사람들은 자기감이 취약합니다.

　자기감이 좋으면 자신의 삶이 살 만한 가치가 있다고 느낍니다. 희망적인 느낌이 생기며 건강한 자존감을 형성하게 됩니다. 자신에 대한 좋은 느낌은 건강하고 행복하게 살아갈 수 있는 마음의 토양이 됩니다. 그러나 자신에 대한 좋지 못한 느낌은 우울증 등 마음의 문제를 일으킬 수 있습니다.

　그렇다면 현 상태에서 자기감을 더욱 건강하게 하려면 어떻게 해야 할까요? 자기 자신을 새로운 방식으로 바라보아야 합니다. 자기 자신을 존중하고 자신을 긍정적으로 바라보아야 합니다. 자기 자신에 대한 긍정적인 자기감은 인생을 성공적으로 살아갈 수 있도록 돕는 중요한 심리적 자원이기 때문입니다.

2. 중독, 끝없는 갈망과 의존

✕✕✕✕✕✕✕✕

중독은 어떤 대상이나 행동에 대한 지나친 '추구와 의존'입니다. 술이나 마약 따위를 지나치게 복용하면 어느 순간 그것 없이는 견디지 못하는 병적인 상태가 됩니다. 이것을 중독이라고 합니다. 중독은 제어할 수 없는 충족욕구입니다. 만족하지 못하는 것에 대한 일종의 보상과 같은 것입니다.

영어로는 'addiction'으로 '의지하는 것' 또는 '기대는 것'을 의미합니다. 지금보다 '행복한 삶'을 살기 위해 무엇인가에 과도하게 기대어 살아가는 현상으로도 이해할 수 있습니다. 이런 점에서 중독은 인간의 의식과 정서를 노예화합니다.

중독자들은 자신이 중독 대상을 통제할 수 있다고 생각합니다. 그것을 통하여 행복을 느끼고 자신의 삶을 향상시켜 나갈 수 있다고 믿는 것이지요. 그러나 중독이 점차 진행되면 중독 대상이 자신을 통제하게 됩니다. 삶을 파괴시킵니다. 중독되었다는 것은 삶의 주체가 '나 자신'에서 '중독 대상'으로 바뀌는 것을 의미합니다. 자신의 삶에 대한 소유권을 상실합니다. 그렇다면 사람들은 왜 중독에 빠지는 것일까요?

중독에 대한 심리학적 관점

대부분의 중독자들에게 나타나는 특징 중의 하나는 '절박함'입니다. 절박함은 중독 행동을 이끌어가는 감정입니다. 중독자들에게 있어 중독 물질에 대한 절박함은 결핍을 빨리 채워야 하는 병적인 나르시시즘의 욕구입니다. 이 부분에 대한 심리학의 관점은 다음과 같습니다.

첫 번째는 정신분석학적 관점입니다. 이 관점은 중독을 특정한 활동, 사물, 사람들에 대한 심리적 에너지의 투입인 카덱시스(cathexis)를 통해 이루어지는 '집착'의 형태로 설명합니다. '카덱시스'는 그리스어로서 '정신집중'이라는 뜻입니다. 우리가 중요하게 여기는 것이 무엇이든 간에 거기에 매달리거나 사로잡히도록 심리적인 에너지를 투입하는 것입니다. 카덱시스는 인간에게 쾌락을 제공하거나 괴로움에서 해방시켜준다는 점에서 일종의 '영적 집착'입니다. 그리고 '자기기만'에 의해 무의식적으로 유지되므로 중독자들의 동기는 결코 순수하다고 할 수 없습니다.[18]

두 번째는 행동심리학적 관점입니다. 행동심리학에서는 객관적으로 관찰 가능한 행동을 연구 대상으로 합니다. 이 관점에서 보면 '집착'은 '학습'을 통해 발생합니다. 인간은 무언가 기분 좋은 일을 하게 되면 그것을 다시 하고 싶어 합니다. 습관이 되는 것이지요. 습관이 된 그 일은 늘 그리움의 대상이 됩니다. 모든 생각과 행동이

---

18   제럴드 메이, 『중독과 은혜』, 이지영 옮김, (서울: 한국기독학생출판부, 2017), 71.

그 대상에 연결되어 있습니다. 이것은 집착입니다. 학습이라는 조건화 과정을 통해 형성된 습관과 집착은 결국 뿌리 깊은 중독으로 변형됩니다. 결코 깨뜨리기가 쉽지 않습니다.[19]

세 번째는 자기심리학적 관점입니다. 코헛은 사람들이 중독에 빠지는 심리적 현상이 생애 초기 나르시시즘의 상처와 깊은 연관이 있다고 보았습니다. 중독에 있어서 중독자가 메우려고 하는 것은 바로 자신의 결핍된 부분입니다. 유아기에 나르시시즘의 상처를 크게 입은 사람들은 긴장 조절과 자기를 달래주는 기능에 큰 결핍이 있습니다. 이러한 사람들은 중독에 쉽게 빠질 수 있습니다. 이들은 마음의 결핍을 채우기 위해 중독성 물질을 사용하는 데 거리낌이 없습니다. 중독으로 인한 병리적 현상은 '자기애성 성격장애'와 '자기애성 행동장애'로 구분합니다.

종교중독

종교중독 역시 다른 중독과 마찬가지로 중독 이후에는 자신이 통제하기 어려운 상태로 발전합니다. 이런 점에서 종교중독은 '숨겨진 질병', 또는 '심각한 심리적 장애'라고 할 수 있습니다. 종교중독의 개념을 일반인에게 처음으로 소개한 사람은 레오 부쓰(Father Leo. Booth)입니다. 부쓰는 그의 저서 『When God Becomes a Drug』

---

19 앞의 책, 76.

를 통하여 종교중독의 특징을 다음과 같이 소개합니다.

종교중독은 종교집단의 교리나 가르침을 전혀 의심하지 않고, 절대적으로, 무비판적으로 받아들이는 행위이다. 이러한 토대 위에서 하나님의 이름으로 남용이 저질러지는데, 주된 요소는 두려움과 수치, 권력과 통제이다. 종교중독에 빠진 자들은 신을 믿기보다는 종교 활동이나 교리 등 신 이외의 것에 집착하여 실천과 봉사를 통해 자신의 존재감을 드러내고 인정받고자 하는 성향이 강하다. 이것은 현실의 고통을 회피하고자 하는 내면의 정서에 기인하는 것이다.[20]

여기에서 우리는 이단 신도들의 종교중독과 일반 기독교인의 종교중독 현상에는 어떠한 차이가 있는지 살펴볼 필요가 있습니다.

구분	이단종파 신도	일반 기독교인
공통 사항	1. 종교활동에 몰두 (내면의 고통 회피수단) 2. 종교지도자에게 인정받고자 하는 과도한 노력 3. 종교적 실천과 봉사를 통해 자기존재 확인 4. 타인에 대한 지나친 비판과 정죄 등 완고한 신앙	좌 동 (극히 일부)

20 　김선미, 『종교중독의 이해』 (전북: 전북대학교출판문화원, 2015), 69.

| 차이점 | 1. 가출 및 학업중단, 이혼
2. 과도한 헌금으로 재산탕진
3. 집단 생활(피지, 신옥주 사건)
4. 집단 자살(오대양 사건)
5. 교주의 신격화 및 우상숭배
6. SEX의 교리화(통일교, JMS)
7. 자 범죄에 대한 죄의식 없음(구원파)
8. 거짓말해도 죄가 되지 않음(신천지)
9. 무조건적, 무비판적 순종
10. 종교적, 영적 학대 감수
11. 병역의무 거부(여호와의 증인) | 해당사항 없음 |

《이단종파의 신도와 일반 기독교인의 종교중독 현상 비교》

기독교에서 말하는 종교중독이란 하나님을 섬기지 않고, 종교 활동이나 교리 등 하나님 이외의 것에 집착하는 것을 말합니다. 하나님을 다른 것으로 대체하는 것입니다. 이들은 외형적으로는 독실한 신앙인 같지만, 타인에 대한 비판과 정죄가 많습니다. 하나님 자리에 자기 자신이 있는 것처럼 행동합니다. 이들은 오직 종교적 실천과 봉사를 통해 자신의 존재를 확인하고자 합니다. 이러한 행위는 현실적인 삶의 고통과 정서를 회피하고자 하는 것일 수 있습니다. 이들이 회피하고자 하는 것은 힘든 삶의 고통과 정서입니다. 이런 점에서 종교중독자들은 과거, 현재, 미래를 직면하기 힘들어합니다. 따라서 종교중독은 일종의 현실도피적인 행위이며, 내면의 고통을 회피하기 위한 수단입니다. 종교행위에 몰두하는 건강하지 않은 신앙입니다. 엄격한 종교 시스템 속에 갇힘으로써 다른 약물

중독과 같이 자기 파괴적 손상을 불러올 수 있습니다.

　신앙이라는 명분으로 행해지는 종교중독의 모습은 이단에 빠진 신도들에게 흔히 나타납니다. 구원은 오직 그들 집단에만 있다고 믿는 것이지요. 그들은 교주를 이 시대의 구원자로 믿고 있기에 교주에게 절대 복종하며 종교행위에 충실합니다. 그들의 사명은 오직 전도입니다. 전도하기 위하여 가출하고 학업을 중단합니다. 이는 자기 주도성을 상실한 사람들이 내면의 결핍과 공허함을 채우려는 무의식적 행동이며, 전형적인 종교중독의 모습이라고 할 수 있습니다.

나르시시즘의 상처와 종교적 기대

　종교생활을 하는 사람은 누구나 자신만의 종교적 기대가 있습니다. 종교적 기대는 종교생활을 통하여 긍정적으로 발현되기도 하지만 부정적으로 발현되기도 합니다. 나르시시즘의 상처를 갖고 있는 사람은 취약한 심리로 인하여 '개인 정체감'을 온전히 형성할 수 없습니다. 이단의 포교활동에 쉽게 넘어갈 수 있는 심리 구조이며 종교중독에 빠지는 원인이 되기도 합니다.

　이단 신도들은 자신이 속한 단체의 교리와 가르침이 일반상식과 배치되더라도 포교를 위한 실천력이 아주 강합니다. 강박적으로 보이기까지 합니다. 특히 신천지에 중독된 추수꾼(교회 안으로 들어와 포교하는 신도)들은 거짓말을 잘하며 거짓연기 또한 탁월합니다. 이는 추수(포교)를 위해서는 '어떠한 거짓말도 죄가 되지 않는다'는 '모략교리'에 중독되었기 때문입니다. 포교를 위해 수단과 방법을 가리지 않고 종교행위에 몰두하는 신천지 신도들의 모습은 종교적 기대가 부정적으로 발현되는 전형적인 종교중독이라고 할 수 있습니다.

이단에 중독된 신도들이 종교행위에 집착하는 심리는 인정욕구 때문이기도 합니다. 이들은 주로 방임적인 부모를 두었을 가능성이 큽니다. 부모의 인정에 메말라있던 이들은 그 마음을 교주에게서 채우려고 하는 것입니다. 교주로부터 인정받지 못하면 마치 하나님께 벌을 받을지도 모른다는 지나친 불안도 있습니다. **교주에 대한 의존과 두려움은 어린 시절 방임적이거나 권위적인 부모와의 관계경험으로 인해 발생하는 무의식적인 심리현상입니다.**

어린 시절 부모와의 부정적인 관계경험이 건강한 신앙생활을 방해할 수 있습니다. 어린 시절 엄마로부터 불안을 수용 받지 못하면 그 불안을 해소하기 위해 새로운 대상과의 관계를 추구하게 됩니다. 이런 점에서 이단 신도들이 보이는 종교중독 현상은 어린 시절 부모와의 부정적인 관계경험과 무관하지 않다고 볼 수 있습니다.

필자는 이단에 빠져 수년간 활동하다가 회심한 청년 50명을 대상으로 인터뷰와 설문을 진행한 바 있습니다. 설문에 의하면, 76%에 해당하는 청년들이 어린 시절 부모로부터 충분한 사랑을 받지 못했다고 응답했습니다. 그리고 성장기에 느꼈던 정서는 대부분 우울과 외로움, 슬픔이었습니다. 이들 청년들에게는 어린 시절 부모로부터 충분한 공감을 받지 못해 내면화된 '관계의 결핍'이 있었습니다. 관계의 결핍은 청년들을 이단에 빠지게 하는 정서적인 원인이 되었습니다. 그리고 그곳에서 결핍을 해소하고자 종교행위에 몰두하였고 결국 이단 종교중독자가 되었습니다.

3. 우상, 내가 만들고 싶은 '신'에 대한 욕구

⬦⬦⬦⬦⬦⬦⬦

종교는 인간의 역사와 늘 함께 있었습니다. 인간에게 종교는 생의 근본이자 본질적인 의미를 담고 있습니다. 종교의 핵심은 '신(神)'입니다. 인간은 종교의식을 통하여 늘 '신'을 만나고자 합니다. 인간의 심리를 연구한 학자들은 '신'을 어떠한 존재로 연구하였는지 심층심리학적 관점에서 살펴보겠습니다.

프로이트는 그의 저서 『종교의 기원』에서 **"신은 아버지의 형상을 회복한 아버지의 대용물이다."**라고 하였습니다.[21] 모든 종교의 신은 아버지에 대한 동경에서 비롯되었다는 것입니다. 기독교에서 말하는 하나님과 인간의 관계는 육신의 아버지와 깊은 연관이 있다는 말입니다. 육신의 아버지와 어떠한 관계였느냐가 하나님과의 관계에 큰 영향을 미친다고 보는 것이지요. 프로이트는 인간이 하나님을 숭배하는 것은 아버지와 같은 존재가 되기를 열망하는 무의식의 반영이라고 보았습니다.

또한 애너 마리아 리주토(Ana Maria Rizzuto)는 '하나님 표상'에 대

---

21   지그문트 프로이트, 『종교의 기원』, 이윤기 옮김, (서울: 열린책들 2014), 223-224.

하여 프로이트와는 다른 견해를 밝혔습니다. 그녀는 인간 내면의 하나님 표상은 성장과정의 다양한 인간관계, 문화적 환경 등 변화하는 여건 속에서 끊임없이 재구성된다고 하였습니다. 즉, **하나님 표상은 부모님의 상과 어린 시절의 이미지들, 감정들, 그리고 수많은 경험과 기억들로 이루어진 하나의 상이라고 보았습니다.**[22] 그녀는 이러한 하나님 표상의 변화 과정을 '살아있는 신의 탄생'이라고 하였습니다.

이와 같이 심층심리학적 관점에서 바라보는 개인 안에 존재하는 하나님 표상은 부모님의 이미지와 더불어 어린 시절의 정서적인 경험들로 이루어진 하나의 표상으로 해석되고 있습니다.

이단 교주와 신도의 심리적 관계

이단 신도들은 왜 그토록 교주에게 열광할까요? 신도들이 교주를 신으로 믿고 따르는 심리는 무엇일까요? 이단 교주와 신도는 서로 별개의 존재가 아니라 서로 밀접하게 상호작용하는 심리적 관계입니다. 그들에게 있어 교주는 이미 우상숭배의 대상입니다. 필자는 신천지에서 4년간 활동하다가 회심한 청년을 상담한 바 있는데 이 청년은 신천지에서 한창 활동할 때 교주에 대해 느꼈던 감정을

---

22 애너 마리아 리주토, 『살아있는 신의 탄생』, 이재훈 옮김, (서울: 한국심리치료연구소, 2000), 87.

다음과 같이 말했습니다.

> 저는 신천지에서 정말 앞만 보고 열심히 뛰었어요. 신천지 만국
> 회의에 참석해서는 저 멀리에 있는 총회장 이만희만 봐도 저절
> 로 눈물이 나고 감동이 밀려오는 거예요. 마치 하나님을 본 듯한
> 느낌이 드는 거예요. 총회장이 나에게 어떠한 말도 건네지 않았
> 는데… 그저 멀리서 얼굴만 봐도 총회장은 나의 소망을 다 알고
> 있을 것 같았고 위로가 되었어요.

전형적인 이단 종교중독자의 모습입니다. 이단의 집회장면을
언론이 보도할 때 보면 신도들은 교주를 보고 흥분하고, 소리를 지
르며 눈물을 흘립니다. 이미 교주가 우상숭배의 대상이 되어 있음
을 나타내는 모습입니다. 이단 신도들은 자신과 같은 유한한 존재
인 교주를 과대평가합니다. 교주에 집착함으로써 궁극적인 가치들
을 무시합니다. 웨인 오츠는 이러한 우상숭배 현상을 '병든 신앙'이
라고 정의했습니다.[23]

심리학적 관점에서 볼 때 이단 신도들의 우상숭배는 자신의 소
원과 두려움을 말하고 행동하는 교주에게 투사하는 것입니다. 원시
종교에서도 그랬듯이 우상숭배의 대상은 살아있는 인간일 경우가
많습니다. 이단 신도들이 교주를 숭배하는 것은 대표적인 종교중독

---

23 웨인 오츠, 『신앙이 병들 때』, 22.

현상입니다.

교주를 우상화하는 심리

이단 신도들이 교주를 우상화하는 심리 역시 자기의 결핍을 채우려는 시도입니다. 교주의 권위나 개인적인 속성에 매료되어 열광하는 것이 아닙니다. 자신의 나르시시즘의 상처에서 비롯된 현상입니다. 유아기에 부모의 적절한 보살핌을 받지 못하여 이상화 대상을 내재화하는 데 실패했기 때문입니다. 이상화 대상은 건강한 부모 표상입니다. 코헛은 이 부분을 다음과 같이 설명합니다.

유아가 이상화 대상을 상실하거나 그 대상에 대해 크게 실망하면 부모에 대한 건강한 상이 형성되지 않는다. 이렇게 되면 그는 일생 동안 늘 이상화 대상을 갈망하면서 이런 저런 대상들을 찾고 의존하며 살아가게 된다. 이런 저런 대상들은 유아 시절에 상실한 이상화 대상의 대체물인 것이다. 그러나 그 대체물은 진정한 의미에서의 이상화 대상이 아니라 유아기에 형성하지 못한 심리적 결핍을 대체하기 위한 마음의 작용인 것이다.[24]

유아에게 부모는 크고 위대한 존재입니다. 유아는 자신의 부모

---

24 하인즈 코헛, 『자기의 분석』 이재훈 옮김, (서울: 한국심리치료연구소, 2002), 57.

를 특별하게 생각합니다. 그리고 자신은 부모와 연결되어 있기에 부모의 전능성과 평온을 자신의 것으로 여깁니다. 이처럼 **한 사람에게 이상적이면서 아주 친밀한 관계에 있는 마음속의 대상이 이상화 대상입니다.** 이상화 대상은 심리적 안정과 평안을 제공해 줍니다. 유아 시절 이상화 대상이 형성되지 못하면 기초적인 정신기능이 발달하지 못합니다. 중독자가 되는 사람들이 이 경우에 해당합니다. 특히 유아가 부모에게 깊이 실망하거나 외상을 입는 경우가 그렇습니다. 이러한 유아는 **일생동안 늘 이상화 대상을 갈망하면서 굶주린 사람**(object hunger)**처럼 특정 대상에 의존하는 삶을 살아갑니다.** 이단 종교중독자들이 여기에 해당합니다. 그들에게 있어 교주는 이상화 대상으로 기능합니다. 내면에 견고한 이상화 대상을 내재화하지 못하였기에 교주를 자신의 결핍을 채워줄 이상화 대상으로 삼은 것입니다.

사디즘과 마조히즘

절대적 카리스마를 휘두르는 교주 밑에는 묵묵히 교주의 폭력을 감내하는 마조히즘[25] 추종자들이 있습니다. 교주와 그 추종자들

---

25 마조히즘(masochism)은 이성으로부터 정신적·육체적 학대를 받는 데서 성적 쾌감을 느끼는 변태 성욕이다. 오스트리아의 소설가 자허마조흐가 자신에게 내재한 이런 경향을 소설 속의 한 인물로 그려냄으로써 그런 명칭이 붙여졌다. 심리학적으로는 가학적 대상을 떠나지 못하고 그들이 가하는 학대를 묵묵히 견디며 자기주장을 펼치지 못하고 충성을 다하는 심리를 말한다. 반면, 사디즘(sadism)은 성적 대상에게 육체적·정신적 고통을 줌으로써 성

은 심리적으로 공생관계에 있습니다. **교주는 군림하고 추종자들은 그 교주 밑에서 묘한 안정감을 느낍니다. 사디즘은 마조히즘과 짝을 이룹니다.** 그래서 가학적인 교주 밑에는 언제나 마조히즘 추종자들이 있습니다. 마조히즘 추종자들의 내면에는 어떠한 심리적 기제가 있기에 그런 학대적인 관계를 지속하게 되는 것일까요? 피학적인 성향의 추종자들은 어린 시절 부모와 불행한 애착관계 속에서 성장한 사람들입니다. 이런 사람들은 카리스마 있는 사람이 명령하고 통제하면 쉽게 그런 행동에 익숙해집니다.[26]

이러한 현상들은 이단 교주와 그를 따르는 신도들 사이에서도 여실히 드러납니다. 이단에 빠진 신도들은 불행한 유년기를 보낸 사람들이 많습니다. 그들의 내면에는 보편적으로 미해결된 과제, 즉 이상화 대상의 상실이 있습니다. 이는 중독의 원인이 되는 대표적인 나르시시즘의 상처입니다. 이들에게 카리스마 있는 교주들은 전능자로 다가옵니다. 그리고 그들을 존경의 대상으로 동일시하며 이상화 대상으로 삼습니다. 교주를 볼 때마다 신도들은 자기의 환상 속에서 어린 시절 상실했던 전능감을 경험합니다. 이러한 전능감은 이단 신도들로 하여금 독재적이고 가학적인 교주를 떠나지 못하게 하는 심리적 기제가 됩니다.

적 만족을 얻는 이상 성욕이다. 프랑스의 소설가 사드의 이름에서 따온 말이다. 심리학적으로는 누군가에게 육체적 혹은 심리적인 고통을 주면서 쾌감을 느끼는 이상심리를 뜻한다.

26 변상규, 『정서적으로 건강한 신앙』 (서울: 킹덤북스, 2018), 270.

이단 교주의 심리

자칭 자신을 재림주로 칭하는 이단 교주의 심리는 어떠할까요? 교주는 그를 따르는 신도들의 마음을 움직이는 근원입니다. 교주와 신도들은 서로 심리적 의존관계이며 상호작용하는 관계입니다. 이단 교주를 심층심리학적 관점에서 바라보면 전형적인 자기애성 성격장애자들의 특성이 많이 나타납니다. 이단 교주의 특징을 살펴보면 다음과 같습니다.[27]

첫째, 자기중심적이며 과대-과시적 욕구가 매우 강합니다. 이단 교주에게는 자신감 넘치는 카리스마가 있습니다. 그들에게 인간의 나약한 모습은 보이지 않습니다. 자기애가 강한 이단 교주들의 카리스마는 자아도취에 빠진 나르시시즘입니다. 이들의 확신에 찬 모습은 자존감 낮고 유약한 신도들에게는 강한 의존감을 불러일으킵니다. 교주들에게 추종자들이 몰려드는 이유입니다. 인간은 누구나 태생적으로 인정받고 싶어 하는 과대-과시 자기가 있습니다. 과대-과시 자기는 부모로부터 적절한 사랑과 공감을 받을 때 건강하게 발달합니다. 그러나 과대-과시 자기가 부모로부터 적절한 반영을 받지 못하면 유아는 긴장감이 고조되어 왜곡된 과대-과시 자기를 발달시킵니다. 이단 교주들이 그렇습니다. 그들의 심리 저변에는 자신에 대한 과장된 자기가 형성되어 있습니다.

---

27 앞의 책, 235-255.

둘째, 이 시대의 구원자라는 과대망상적 사고가 있습니다. 그들은 자신이 하나님으로부터 직통계시를 받은 이 시대의 구원자라고 주장합니다. 하나님과 자신은 특별한 관계임을 주장하며 자신을 재림주, 신의 대리인, 하나님의 사도 등으로 자신을 신격화합니다. 교주 일인 독재체제를 구축하고 과도한 찬사를 요구하며 자신의 왕국을 만듭니다. 절대 권력을 행사하기 위해 이들은 하나님 자리에 자기 자신이 앉아 하나님을 대신하는 과대망상에 빠집니다. 교주들은 수시로 희망을 제시하고 비전을 이야기하지만 사실은 자기만의 은밀한 욕심을 채우고 신도들을 통제하기 위한 수단에 불과합니다.

셋째, 내면에는 미해결된 과제와 분노가 있습니다. 이단 교주들은 대체로 불우한 환경에서 유년기를 보냈기에 정서적으로 결핍이 있는 사람들입니다. 성장기의 불우한 환경으로 인해 따뜻한 사랑과 돌봄을 경험할 수 없었습니다. 이들의 심리 내면에는 미해결된 과제와 분노가 산적해 있습니다. 과도한 나르시시즘의 상처를 안고 있습니다. 그래서 '가학적 성격장애'를 가진 자들이 많습니다. 이런 성격의 소유자들은 신도에 대한 지배와 통제를 일삼으면서도 죄책감을 느끼지 않습니다. 자기 내면의 미해결 과제와 분노가 약자를 향한 공격성으로 나타납니다.

넷째, 타인에 대한 공감능력이 없습니다. 이는 자기애성 성격장애자들의 결정적인 특징입니다. 이들은 자신의 기분이나 욕망을 가장 중요하게 생각합니다. 상대방의 감정이나 입장을 전혀 고려하지 않는다는 점에서 사이코패스와 유사합니다. 이들은 어린 시절 부모로부터 공감을 받지 못하고 성장했을 가능성이 농후합니다. 공감은 대인관계에서 가장 중요한 감정입니다. 이것이 없으면 교제가 이루어질 수 없습니다. 교주들에게는 함께하는 친구가 없습니다. 오직 추종자만 있습니다. 이는 인간관계에서 중요한 공감능력의 부재 때문입니다.

　이단 교주들의 성격유형은 자기애성 성격장애와 과대망상을 기반으로 정신적으로 정상이라고 볼 수 없는 존재들입니다. 그들은 절대적 카리스마를 가진 우상화된 존재로서 항상 찬사를 받으려는 욕구가 강하며 내적 공허를 채우기 위해 자극적인 행사나 대규모 종교의식을 추구하는 경향이 있습니다.

4. 수치심, 채울 수 없는 공허와 외로움

◇◇◇◇◇◇◇◇

수치심은 나르시시즘의 상처에서 비롯됩니다. 생애 초기부터 엄마는 유아에게 공감적으로 반응합니다. 초기 유아는 엄마를 자신의 일부라고 생각하며 더할 수 없이 행복해합니다. 코헛은 이를 일차 자기애 상태라고 불렀으며 이렇게 매우 행복한 자기의 상태를 유지하려는 욕구를 나르시시즘이라고 하였습니다. 수치심은 나르시시즘의 욕구가 거절되거나 반영되지 못할 때 일어나는 감정입니다.

수치심은 유아의 자기가 건강하지 못할 때 생기는 마음으로 분노와 중독의 원인이 될 수 있으며, 자기 자신을 부정하고 회의적으로 바라보게 합니다. 따라서 나르시시즘의 상처가 과도한 사람들은 늘 마음이 공허하고 외롭습니다. 이단은 이러한 사람들에게 친밀함으로 다가옵니다. 이런 점에서 나르시시즘의 상처는 이단의 유혹에 쉽게 넘어가는 심리적 원인이 될 수 있습니다.

수치심의 본질

그렇다면 수치심의 본질은 무엇일까요? 심층심리학에서는 수치심을 다음과 같이 정의합니다.

> 수치심은 스스로를 부끄럽게 느끼는 마음이다. 거부되고, 조롱
> 당하고, 노출되고, 다른 사람으로부터 존중받지 못한다는 고통
> 스런 정서를 가리키는 용어로서, 당혹스러움, 굴욕감, 치욕, 불
> 명예 등이 포함된다(정신분석용어사전).

이러한 감정은 마음속에 계속 머물며 자신을 힘들게 합니다. 만
성화된 수치심은 자신의 정체성과 삶을 즐기는 능력을 퇴화시키며
세상에 대한 신뢰감도 약화시킵니다. 모든 중독의 바탕에는 수치심
이 자리 잡고 있습니다.[28] 결국 **수치심은 자기 자신에 대한 신뢰와
정체성에 부정적인 평가를 내리는 감정으로 매일 짊어져야 하는 무
거운 마음의 짐이라고 할 수 있습니다.**

수치심이 과도해지면 인간관계를 해치며 반사회적 행동으로 나
타날 수 있습니다. 또한 인간의 무의식 속에 숨어 자존감과 자신감
을 약화시키며, 그의 삶에 불안과 혼란을 초래하는 원인이 될 수 있
습니다.

공허감

수치심은 구체적으로 어떠한 감정일까요? 수치심의 근원적 감

---

28 달린 랜서, 『관계중독』, 박은숙 옮김, (서울: 교양인, 2018), 20.

정은 **'공허감'**입니다. 이 감정은 내적 결핍에서 비롯됩니다. 자신의 결함이 느껴지는 부끄러운 감정으로 마음의 한복판에는 **'외로움과 불안'**이 자리 잡고 있습니다. 알 수 없이 밀려오는 불안과 초조를 동반하며 중독적 행동으로 쉽게 발전합니다.[29]

공허감이 있는 사람들은 마음이 텅 비어있는 듯합니다. 뭔가 유용한 일을 하지 않으면 자신을 쓸모없는 사람이라고 여깁니다. 심하면 자해나 비행을 저지르기도 합니다. 내적 결핍을 도저히 견딜 수 없는 것이지요. 이것이 **'내면화된 수치심'**입니다. 이러한 사람들은 어린 시절 부모로부터 '정서적 방임' 상태에 있던 사람들이 많습니다. 이들은 성인이 되어서도 여전히 '친밀감'의 결핍을 느낍니다. 대표적인 사례가 이단에 빠진 사람들입니다. 다음은 필자가 이단에 빠졌다가 회심한 청년을 상담한 내용의 일부입니다.

> **상담사 : 어린 시절 부모님과의 관계는 어떠했나요?**
> 내담자 : 어렸을 때부터 늘 혼자였어요. 부모님이 식당을 하셨거든요. 그래서 혼자 대야에 물 떠놓고 놀 때가 많았어요.
> **상담사 : 그 당시의 마음을 한마디로 표현해 보시겠어요?**
> 내담자 : 외로움인 것 같아요. 늘 공허하고 외로웠죠. 그래서 어른들의 인정과 관심을 받기 위해 어릴 때부터 애쓰며 살았어요.

---

29 앞의 책, 118-120.

이 사례에서 알 수 있듯이 이 청년의 정서는 공허감과 외로움입니다. 어린 시절 내면화된 수치심은 청년이 되어서도 늘 마음을 공허하게 만듭니다.

수치심을 경험하는 내면적 구조

코헛에 의하면 유아는 태어날 때 세 가지 나르시시즘의 욕구를 갖고 태어납니다. 과대-과시적 욕구, 이상화 대상 욕구, 소속감과 동질감에 대한 욕구입니다. 유아는 이 세 가지의 욕구가 적절하게 채워져야 건강한 '자기감'을 유지할 수 있습니다. 설명한 바와 같이 자기감이란 자신에 대한 주관적인 느낌입니다. 자신에 대해 좋은 느낌을 갖고 있다면 건강하고 행복하게 살아갈 수 있지만, 그렇지 않다면 우울증이나 무기력감 등 마음의 문제를 안고 살아갑니다. 그러나 유아에게 이 세 가지 나르시시즘의 욕구가 완벽하게 채워질 수는 없습니다. 만일 유아에게 나르시시즘의 욕구가 채워지지 않으면 유아는 어떠할까요? 수치심을 경험합니다. 수치심은 유아의 나르시시즘 욕구가 해결되지 못할 때 생기는 감정입니다. 주로 유아와 부모와의 관계가 공감적이지 않을 때 생기는 감정입니다. 수치심에 대하여 코헛의 이론을 통하여 좀 더 세부적으로 살펴보겠습니다.

첫째, '과대-과시적 욕구'가 채워지지 않을 때 수치심을 경험합니다. 유아에게는 자기가 특별히 가치 있는 존재이며 이를 인정받고 싶어 하는 본능이 있습니다. 이를 과대-과시적 욕구라고 합니다. 이 욕구가 채워지지 않으면 수치심을 경험하는데, 이때의 수치심은 자신을 알아주기를 바라는 유아의 나르시시즘 욕구가 좌절되면서 오는 것입니다. 자신을 특별한 존재라고 여기는 유아의 과대-과시성을 부모가 거울 비추듯이 공감해주고 지지해주지 못했을 때 발생합니다. 이러한 나르시시즘의 상처를 입게 되면 유아는 고갈된 자기를 채우기 위하여 자신을 인정해주고 지지해 줄 수 있는 대상을 늘 갈망합니다. 타인의 주목을 받고 자신을 과시하고 싶어 하는 것이지요. 이는 내면의 낮은 자존감과 무가치함을 인정하고 싶지 않은 일종의 방어적 행위입니다.

둘째, '이상화 대상의 욕구'가 채워지지 않을 때 수치심을 경험합니다. 유아에게 부모는 이상화 대상입니다. 매우 크고 위대한 존재인 부모를 자신의 이상으로 삼고 자신과 동일시합니다. "우리 아빠가 제일 힘이 세다", "우리 엄마가 제일 예뻐." 위대한 부모의 힘과 내적 평온을 자신의 것으로 여깁니다. 유아에게 있어 이상화 대상은 아주 친밀한 대상으로 심리적 평안을 제공해 줍니다. 이상화 대상이 유아에게 공감적으로 반영해주지 못하면 유아는 좌절과 소외를 느끼며 수치심을 경험합니다. 유아는 언제나 이상화 대상과 관계를 맺고 있어야 자신을 가치 있는 존재로 생각하기 때문입니다. 유아 시절 이상화 대상에 대한 과도한 결핍이 있다면 그 결핍은 성인이 되어서도 쉽게 채워지지 않습니다. 그래서 자신의 이상화 결핍을 채우기 위해 또 다른 이상화 대상을 끊임없이 갈망하고 찾게 됩니다.

셋째, '소속감과 동질감에 대한 욕구'가 채워지지 않을 때 수치심을 경험합니다. 유아에게 있는 소속감과 동질감은 자신을 인정하고 지지해주는 대상과 자신이 같은 소속이라고 여기는 것입니다. 우리는 어딘가에 속해 있을 때 안정감을 느끼며 자기감을 유지합니다. 유아에게는 자신과 부모가 본질적으로 유사하다는 느낌을 확인하고 싶어 하는 욕구가 있습니다. 이러한 욕구에 대하여 부모는 공감적으로 반응해주어야 합니다. 그렇지 못하면 유아는 불안감을 갖게 되며 수치심을 경험하게 됩니다.

수치심을 경험하는 세 가지 나르시시즘의 욕구에 대해 살펴보았습니다. 수치심은 나르시시즘이라는 깊은 심리내적 결핍으로부터 경험되는 감정입니다. 수치심이 깊으면 자기가 건강하게 발달하는 데 걸림돌이 됩니다. 수치심의 원인이 되는 나르시시즘의 상처가 있는 사람들은 고통스런 현실을 벗어나기 위해 종종 분노의 감정을 드러냅니다. 이 부분은 다음 단락에서 세부적으로 살펴보겠습니다.

5. 분노, 풀리지 않는 '화'의 근원

∞∞∞∞∞∞

인간은 누구나 '화'가 나는 감정이 생길 수 있습니다. '화'를 표출하는 것은 건강하고 자연스러운 모습입니다. 그러나 화가 끊임없이 반복되고, 일정 시간이 지나도 풀리지 않는다면 그것은 예사롭지 않습니다. 특히 언제 폭발할지 모르는 분노의 감정은 자기 자신을 힘들게 하며 또한 주변 사람들도 힘들게 합니다. 그렇다면 이러한 분노의 감정은 왜 생기는 것일까요?

자기애적 분노

나르시시즘의 상처는 인간에게 '분노'의 반응을 일으킵니다. 이는 아동기에 필요한 욕구가 반복적으로 좌절되어 마음 깊이 외상을 입었을 때 생기는 감정입니다. 나르시시즘의 욕구를 채워주지 않고 공감해주지 않는 대상에 대한 '화풀이'라고 할 수 있습니다. 코헛은 이를 '자기애적 분노'로 명명합니다. 이 감정은 일생을 통하여 한 개인이 세상을 바라보고 지각하는 방식과 행동에 영향을 미칩니다.

아동기의 반복적인 학대 경험은 성격을 파괴하거나 이상성격을 만들 수 있습니다. 학대 경험을 통해 생긴 수치심은 분노로 표출됩니다. 이러한 아이는 부모가 제공하지 못한 돌봄과 보호를 스스로 해결해야 합니다. 또한 그 환경에서 생존하기 위해서는 아이답지 않은 능력을 발달시켜야 합니다. 그러나 이러한 능력은 아이의 정상적인 의식에 변형을 초래하고 이상심리를 만들어냅니다.[30] 여기서 말하는 이상심리는 수치심에 의한 분노 표출입니다.

수치심으로 인한 분노의 감정은 스스로 자신을 무가치하다고 느끼는 자기혐오의 감정입니다. 일종의 '한'이라고 할 수 있으며 피학적인 인간본성의 모습으로 나타날 수 있습니다. 이러한 피해의식 속에 살아가는 인간의 나약함 속에는 수치심과 분노가 자리 잡고 있습니다. 수치심이 있는 이들은 자신의 상처에 대한 고통스러운 현실을 회피하기 위해 종종 분노의 감정을 표출합니다. 이것이 코헛이 말하는 '자기애적 분노'입니다. 자기애적 분노의 감정이 생기는 원인은 유아의 나르시시즘 욕구가 충족되지 못하여 생기는 마음의 상처에서 비롯됩니다. 유아의 나르시시즘 욕구에 부모가 공감적으로 적절히 반응하면 유아의 자기주장은 성숙하고 균형 있는 자기주장으로 발달합니다. 그러나 유아의 나르시시즘 욕구가 충족되지 않으면 유아의 자기주장은 파괴적 공격성의 형태를 띠는 분노의 모습으로 변형됩니다.

---

30 주디스 허먼, 『트라우마』, 최현정 옮김, (서울: 열린책들, 2017), 169-170.

공격성의 대상

자기애적 분노를 표출할 때 공격성의 대상은 누구일까요? 일반적으로 공격성의 대상은 자신에게 상처를 준 대상입니다. 그 대상에 대한 복수는 자신의 상처를 원상태로 되돌리고 싶은 욕구입니다. 이러한 욕구는 사람들의 내면에 나르시시즘의 상처로 깊숙이 자리 잡고 있습니다. 나르시시즘의 상처를 입은 사람은 자신에게 상처를 준 대상에 대해 분노의 감정이 사라지지 않습니다. 그런데 없애버리고 싶은 대상은 자신에게 상처를 준 대상이 아닙니다. **정말로 없애버리고 싶은 것은 바로 '자신의 결함'입니다.** 이는 나르시시즘의 상처를 회복하려는 강력한 원초적 욕구라고 할 수 있습니다.

자기애적 분노의 감정이 외부 대상을 향하여 직접적으로 분출되지 못하면 무의식 속에 억압됩니다. 억압된 감정은 변형된 상태로 표출됩니다. 이와 관련하여 분노의 감정이 일어날 때 분노의 형태를 띠지 않고 표현되는 방식이 있습니다. '회피'와 '수동 공격성'입니다. 회피는 분노가 치미는 상황에서 자기의 생각과 느낌을 무시함으로써 상대의 비위를 맞추는 것입니다. 수동 공격성은 상대방 앞에서는 상대가 원하는 대로 하겠다는 태도를 취하나 결국에는 그렇게 하지 않는 태도입니다. 이러한 분노의 방어적 반응은 분노의 감정과 느낌을 차단하는 것으로써 분노로 표출되는 고통을 닫아 버립니다. 이러한 방어적 분노의 뒤에는 '깊은 우울'이 있습니다. 이것은 외부로 분출되지 않은 자기애적 분노의 감정이 자기 자신으로 향한 '자기 비하'입니다. 자기 자신이 분노 표출의 주체이자 대상인 것이지요.

자기애적 분노는 마음의 결핍과 무력감의 다른 표현입니다. 자기의 취약성이 강화되면 자기 파괴적 충동에 휩싸이게 됩니다. 이러한 감정은 자신을 자해나 자살로 이끌어갈 가능성이 있습니다. 자살은 고통스러운 또 다른 자기를 제거하고자 하는 일종의 파괴적 충동입니다.

인간에게 내재되어 있는 공격성이 나르시시즘의 상처로 분출되면 그 공격성은 가장 폭력적이고 파괴적인 현상으로 나타날 수 있습니다. 이러한 현상은 개인뿐 아니라 집단에서도 나타납니다. 나치 독일의 히틀러와 그를 따르는 나치 집단의 복수심과 광기 그리고 파괴성은 자기애적 분노의 대표적인 역사적 사례라고 볼 수 있습니다. 그들이 일으킨 전쟁과 대학살은 원초적 나르시시즘의 상처로 인한 집단적인 자기애적 분노가 타 집단에 대한 공격성으로 분출된 것이라고 할 수 있습니다.

이단의 파괴적 공격성

자기애적 분노 현상은 집단적으로도 나타날 수 있다고 말씀드렸습니다. 위기 집단에서 공유되는 나르시시즘의 욕구는 건강한 포부와 이상으로 발달하지 못합니다. 이러한 분노 현상이 종교집단에서 발생하면 집단적인 파괴와 자신에 대한 공격성으로 나타날 수 있습니다. 대표적인 사례로 이단 교주에 의해 발생된 '오대양 집단 자살 사건'을 들 수 있습니다. 이 사건은 당시 한국사회에 큰 파장을 일으켰습니다.

> 이 사건은 1987년 8월 29일 경기도 용인군 오대양 공예품 공장에서 수십 명이 한꺼번에 주검으로 발견된 사건이다. 사이비 종교에서 운영하던 공장 내 식당 천장에서 오대양 대표 박순자와 그의 가족, 종업원 등 32명이 집단 자살한 주검으로 발견돼 당시 사회에 큰 충격을 안겼다. 박순자는 오대양의 대표이자 이단 사이비 종교의 교주였다. 그는 신도들을 통하여 170억의 사채를 끌어다 썼다. 사기혐의로 경찰의 수사를 받자 박순자는 오대양 직원과 육아원 수용아 등 130명과 함께 잠적했고, 며칠 후 32명이 오대양 공장에서 집단 자살한 주검으로 발견된 사건이다.[31]

교주 박순자와 함께 죽은 신도들은 전 재산과 목숨까지도 바칠 정도로 교주와 그들이 믿는 이단에 중독되어 있었습니다. 이단 종교중독의 폐해가 극단적으로 나타난 사건이었지요. 170억이라는 과다한 사채는 그들이 추구하던 종교집단의 가치를 파괴시켰습니다. 교주와 그들 종교집단의 포부와 이상이 실패하면서 집단적인

---

31 강민진, "32명 집단 자살 미스터리 오대양사건을 기억하시나요.", 한겨레 (2018. 8. 11), http://www.hani.co.kr/arti/society/society_general/852823.html.

자기애적 분노 현상으로 발전하였습니다. 집단적 자기애적 분노는 그들 공동체를 향한 공격성으로 작용하여 '집단 자살'이라는 비극적 결말을 초래하였습니다.

다음은 이단에 빠져 2년 가까이 왕성하게 활동하다가 현재는 회심하여 정통교회를 다니고 있는 청년 대학생에 대한 상담사례입니다. 분노조절 장애로 힘들어하고 있는 이 청년은 자신의 아동기 학대 경험과 자신의 부모에 대하여 이렇게 진술했습니다.

나는 부모님에게 정이 없어요. 아버지는 폭력성이 강해요. 툭하면 엄마를 때렸어요. 엄마가 아버지한테 맞는 모습을 많이 보고 자랐어요. 나도 많이 맞았어요. 그런데 엄마도 나를 수시로 때렸어요. 특히 철사가 든 파리채로 저를 때렸어요. 내가 4살 때는 나를 집 밖으로 내쫓은 적도 있어요. 고아원에 보내버리겠다고 하면서. … 저는 정말 고아원에 가는 줄 알고 너무 두려웠어요. 중·고등학생시절에는 저도 여동생들을 많이 때렸어요. 부모님한테 맞은 분풀이를 동생들에게 한 거죠. 지금 생각하면 동생들에게 너무 미안해요. 어린 시절 내가 왜 그렇게 매를 맞았는지. … 지금 생각하면 너무 억울하고 이해가 안 되는 거예요. 대학에 진학해서는 더 이상 부모님에게 맞지는 않아요. 그런데 이단에 갔다 온 이후로 저에게 '욱'하는 분노의 감정이 생겼어요.

이 정도 진술만으로도 이 청년의 분노를 이해할 수 있습니다.

그리고 이단에 쉽게 넘어갈 수밖에 없었던 이유도 알 수 있습니다. 이 청년은 자기를 대표하는 단어를 '공허함'과 '슬픔'이라고 진술했는데, 이는 자신의 핵심감정이 '수치심'임을 알 수 있게 하는 대목입니다. 이 청년은 수치심의 감정이 종종 분노로 표출되고 있습니다. 이 청년에게 수치심과 분노는 동전의 앞뒷면과 같이 서로 양립하는 감정상태로 늘 공존하고 있었습니다.

'분노조절 장애'란 사소한 일에도 화를 참지 못하는 증상을 말합니다. 상황에 맞지 않는 공격적인 말이나 행동을 보이며 분노를 표출합니다. 일종의 행동장애입니다. 특히 분노하는 것이 문제를 해결하는 가장 효과적인 방법이라고 여겨 반복적으로 분노를 표출합니다. 원인으로는 호르몬 분비 이상, 감정조절과 관련된 뇌 기능 이상, 어린 시절의 학대 경험 등 환경적인 요인이 복합적으로 작용합니다. 또한 분노를 표현할 때에는 약간의 만족감을 느끼기도 하지만, 그 이후 찾아오는 후회 및 허무함 등으로 인하여 스스로 자책하며 괴로워하기도 합니다.

6. 영적 장애로 인한 정신병리 현상들

◇◇◇◇◇◇◇◇

이단에 중독된 신도들은 영적 장애에 노출된 상태라고 볼 수 있습니다. 영적 장애에 오랫동안 노출되면 정신병리 현상을 보일 수 있습니다. 이단 종교중독으로 인한 정신병리 현상은 개인의 인격을 훼손할 수 있을 정도로 심각합니다. 이단에 오랫동안 몸담고 있거나 이단에서 탈퇴한 많은 사람들이 이와 관련된 증상을 보이고 있습니다.

강박증

강박증은 본인의 의지와 상관없이 어떤 생각이나 장면이 떠오르면 불안해지고 그 불안감을 없애기 위해 어떤 행동을 반복하는 질환입니다. 강박이란 지속적으로 변하지 않는 사고방식으로 무언가에 사로잡힌 생각입니다. 또한, 개인의 사고와 감정, 행동이 어느 특정 생각이나 상상, 금지, 명령에 의해 지배되는 상태입니다. 그런 점에서 자신의 의지에 반하여 일어나는 사고입니다. 이는 정서적 갈등을 해결하려는 노력일 수 있습니다. 강박증은 이단에 중독된 신도들이 자신이 속한 종교집단의 가르침에 무비판적이며 절대적으로 따르는 경향으로 나타납니다. 14만 4천 명에 들기 위해 완고하고 엄격할 정도로 교리에 충실하며, 그것을 행동으로 옮깁니다. 그들은 가족 등 사람과의 관계보다는 종교적 행위가 더 중요합니다. 관계와 감정보다는 종교적 가르침을 더 중시하기에 가족들에게 마음의 상처를 줍니다. 이단에 빠져 가출한 자식을 찾기 위해 1인 피켓 시위를 하는 부모의 모습은 이 점을 대변하고 있습니다. 이단에 빠진 자식들이 부모의 마음보다 정해진 종교행위를 더 우선시하는 이유는 그 일을 하지 않으면 14만 4천 명에 들지 못한다는 강박적 불안이 찾아오기 때문입니다.

불안증

불안증이란 뚜렷한 이유나 원인 없이 불쾌함을 느끼는 감정입니다. 어린 시절 부모로부터 충분한 심리적 공감을 받지 못한 아이는 결핍으로 인해 불안이 무의식에 내재화된 상태로 성장기를 보냅니다. 이러한 아이가 성인이 되면 내면화된 불안과 사회적 불안을 해소하려는 삶을 무의식적으로 추구하게 됩니다. 이러한 무의식적 반응 중의 하나가 이단에 쉽게 빠지는 현상으로 나타납니다. 이단에서는 불안에 민감한 청년세대의 심리를 이용하여 설문, 심리상담, 멘토링 등의 포교방식으로 청년들에게 다가갑니다. 이단에 포교된 청년들은 종교행위를 통하여 일시적으로는 불안감에서 벗어날 수 있습니다. 그러나 계속 올라오는 근원적인 불안을 해소하기 위해서는 반복적으로 종교행위에 몰두해야 합니다. 이런 점에서 이단에 빠진 청년들의 과도한 종교행위는 억압된 욕구의 또 다른 표현입니다. 무의식적인 불안을 회피하고자 하는 일종의 방어적 행동이라고 할 수 있습니다.

우울증

일반적으로 우울증은 기분과 정신이 저하되어 의욕이 없고 무기력한 상태입니다. 자기존중감 와해는 우울증의 보편적인 특징입니다. 프로이트는 우울증은 무의식적인 개인의 분노가 자기 내면으로 향한 것이라고 하였습니다. 원인은 사랑하던 '대상 상실'에 대한 무의식적 반응입니다. 사랑하는 대상을 상실하게 되면 슬픔의 감정과 더불어 자신을 버리고 떠난 대상에 대한 분노의 감정을 함께 느낍니다. 이러한 분노의 감정은 도덕과 양심으로 인해 억압되어 무의식에 저장되는데, 어느 순간 자신에게 향하여 자기비난과 죄책감을 제공합니다. 자아기능이 약화되면서 우울증이 생기는 원인이 됩니다. 이러한 현상은 이단 신도들에게서 종종 발생됩니다. 이들 중의 상당수는 어린 시절 부모로부터 공감적인 반응을 받지 못한 경우가 많습니다. 그렇기 때문에 평소 슬픔과 분노의 감정이 억압되어 있습니다. 이러한 감정을 회피하기 위해 과도하게 방어적인 행동을 하는데 이것은 우울증이 생기는 원인이 될 수 있습니다. 따라서 이단 신도들은 자신의 무의식에 저장되어 있는 슬픔과 분노 등 우울한 감정을 회피하기 위하여 끊임없이 종교적 행위에 몰입합니다. 이단 종교중독은 연약하고 혼란스럽고, 완전하지 않은 자기정체성을 외적인 종교활동으로 채우는 반복적인 행위라고 할 수 있습니다. 불완전한 자기가 종교행위를 통해서 완벽성에 도달하고자 하는 심리입니다.

편집증

편집증의 특징은 타인에 대한 불신과 의심입니다. 편집증 환자들은 타인과의 관계에 긴장이 있으며 적개심을 갖고 상대를 비판하는 성향이 있습니다. 편집증의 발병 시기는 일반적으로 청년기나 성인 초기에 시작됩니다. 그리고 평생 동안 다양한 상황 속에서 폭넓게 나타납니다. 또한 자신의 생각만 옳다고 확신합니다. 공감능력이 부족하여 타인에게 정서적인 고통을 주면서 정작 자신은 그것을 느끼지 못합니다. 이들은 자신을 열등하고 약하며 무능하다고 느낍니다. 따라서 이들이 보이는 우월감의 모습은 자신의 열등감을 메우기 위한 행위일 수 있습니다. 이런 점에서 편집증 환자들의 내적 감정은 '두려움'이라고 할 수 있습니다. 두려움의 감정은 타인에 대한 지나친 경계로 나타나 불신과 의심을 키우게 됩니다. 그리고 피해망상이나 과대망상으로 발전해나가는 특성이 있습니다. 이러한 모습은 이단 교주들에게서 공통적으로 나타나는 현상입니다. 이단에 빠진 사람들은 선과 악, 천국과 지옥, 영생과 영벌 등 이원론에 쉽게 미혹됩니다. 이원론은 정신의학적으로는 편집증에 해당하는 개념입니다. 이단 교주들은 인간의 불안과 의심을 이용하여 신도들의 마음을 사로잡습니다. 그리고 자신들이 원하는 바를 믿도록 강요하고 세뇌시킵니다.

박해망상

이단 교주는 대표적인 박해망상자입니다. "우리에게만 구원이 있다!", "세상은 곧 멸망한다!", "기존 교회는 바벨론이다!" 이단 교주의 이러한 구호는 외부 세력이 자신과 자신이 속한 집단을 박해할지도 모른다는 두려움과 공포에서 비롯되는 주장입니다. 이것은 이단 교주들이 갖고 있는 대표적인 편집증적 박해망상의 모습입니다. 교주들은 자신이 직통계시를 받은 이 시대의 구원자라고 주장합니다. 또한 자신이 재림주라고 주장합니다. 이러한 교주를 추종하는 신도들 역시 교주와 유사한 정신세계를 갖고 있습니다. 이들 신도들은 교주의 주장에 철저히 세뇌되어 있기 때문입니다. 자신들만이 하나님의 자녀라고 생각합니다. 이들은 여전히 종말론적 공포로 인한 두려움을 갖고 있으며, 전형적으로 박해망상에 물들어있는 모습을 보입니다.

이원론적 사고

이원론적 사고는 이단의 가장 대표적인 특징입니다. 대부분의 이단들은 자기네 종교집단에만 구원이 있고 다른 교회에는 구원이 없음을 강조합니다. 그리고 자신들만이 하나님이 택하신 백성이고, 기성교회의 신자들은 모두 마귀의 자식이며, 자신들은 선하고 세상은 악하다고 생각합니다. 또한 자신들만이 영적이고 진리이며, 세상교회는 다 썩었다고 주장합니다. 이원론적 사고는 '선' 아니면 '악'입니다. 중간개념이 없습니다. 기성교회에도 이러한 사고를 가진 교인들은 교회의 부족한 모습에 쉽게 실망하고 배신감을 느낍니다. 그리고 이 교회는 사랑이 없는 교회라고 단정하며, 언제든 교회를 떠날 마음의 준비를 하고 있다고 말합니다.

4장

이단 상담 :
피해자 치료하기

이단 피해자에 대한 상담은 특수상담입니다. 일반 심리상담과는 다르게 접근합니다. 일반 심리상담의 경우는 내담자가 자신의 필요에 의하여 상담실을 내방하는 경우가 일반적이지만, 이단 신도의 경우는 상담의 필요성을 느끼지 못합니다. 자신은 전혀 문제가 없으며 오히려 시대의 사명자라는 의식이 충만하기 때문입니다. 또한 이단을 탈퇴한 신도를 상담할 경우는 교리반증 상담을 선행 또는 병행해야 할 필요가 있습니다.

1. 교리반증 상담

이단에서 적극적으로 활동하는 신도들은 이단교리에 세뇌되어 있습니다. 그들의 종교적 신념과 행위는 종교중독으로 표현할 수 있습니다. 이들이 회심하기 위해서는 탈세뇌의 과정이 필요합니다. 탈세뇌는 이단교리의 모순을 깨닫고 이단교리에서 완전히 벗어나는 것입니다. 이러한 과정을 도와주는 것이 교리반증 상담입니다. 교리반증 상담을 통하여 피상담자는 이단의 구원관에서 벗어나 기독교의 올바른 구원관을 갖게 됩니다. 여기에 소개되는 교리반증 상담은 '한국기독교이단상담소협회(대표회장 진용식 목사)'에서 제시하는 상담가이드임을 밝힙니다.

이단의 세뇌작업은 대부분 이단교리 성경공부를 통하여 이루어졌기에 탈세뇌의 과정도 정통교리에 대한 올바른 성경공부를 통하여 이루어져야 합니다. 교리반증 상담을 통하여 피상담자는 이단교리의 모순을 깨닫고 정통 기독교의 올바른 교리를 알아갑니다. 예를 들면 신천지 신도들의 경우 이만희는 예수의 영이 임한 이 시대의 구원자로서 하나님과 같은 존재라고 세뇌되어 있습니다. 그리고 성경은 오직 비유풀이로 해석해야 하며 비유풀이는 계시를 받은 이만희 총회장만이 할 수 있다고 믿고 있습니다. 그리고 기성교회에는 구원이 없고 신천지에만 구원이 있다고 세뇌되어 있습니다. 이처럼 엉터리 신천지 교리에 세뇌된 신도들이 신천지 교리의 모순점을 깨닫고 성경의 올바른 구원론을 깨닫게 하는 것이 교리반증 상담입니다.

애정과 인내로 이단 상담을 받도록 설득해야 합니다.

이단에 빠져있는 자녀에게 이단 상담을 받게 하기 위해서는 많은 노력이 필요합니다. 이단 상담을 받으려면 전문 이단상담소에 와야 하는데, 사실 이 부분이 가장 어렵습니다. 그래서 이단 상담이 이루어지려면 가족들의 헌신적인 노력이 있어야 합니다. 이때 부모 등 가족들이 가장 유의해야 할 점은 **애정 어린 인내를 바탕으로 자녀를 이해하고 설득시켜 이단 상담을 받도록 하는 것입니다.** 이해와 설득의 과정에서는 감정적인 동요를 절대 자제해야 합니다. 그렇지 않으면 자녀들이 상담 자체를 거부하거나 가출의 위험이 있기 때문입니다. 이 점 각별히 유의하시기 바랍니다. 가끔은 가족들이 임의로 자녀를 이단상담소로 데려오는 경우도 있습니다. 자녀의 의사를 묻지 않고 일단 이단상담소로 데리고 오는 것이지요. 이러한 경우도 일단 이단상담소에서 며칠 교리반증 상담을 받으면 대부분 이단교리의 허구성을 깨닫고 회심하게 됩니다. 이단상담소의 역할이 그만큼 중요한 이유입니다.

가족교육이 선행되어야 합니다.

① 이단에 미혹된 자녀에 대한 교리반증 상담이 진행되기 전에 먼저 가족들이 상담과정에 대한 교육을 받아야 합니다. 이단상담기관과 가족들의 호흡이 중요하기 때문입니다. 가족들이 사전에 교육을 받고 협력하면 성공 가능성이 높습니다. 교육내용은 이단교리반증 상담 전반에 대한 내용과 가족의 역할, 유의사항 등입니다.

② **가족들은 '포기하지 않으면 반드시 회심시킬 수 있다'는 확신이 있어야 합니다.** 상담의 성공여부는 가족들에게 달려있다 해도 과언이 아닙니다. 그러므로 상담소에서는 가족들이 내담자를 상담소로 데리고 오는 과정에서 효과적으로 대처하는 방법을 알려줍니다. 가족은 강제적인 방법이 아닌 오직 '설득'에 의하여 내담자를 데리고 와야 합니다. 이 시기에 가장 중요한 것은 부모가 자기 자녀(내담자)를 끝까지 포기하지 않는다는 생각을 자녀가 갖게 하는 것입니다. 부모는 **"나는 너를 절대 포기 안 해."**라는 말을 자녀에게 해주어야 합니다. 이단에 중독된 자녀에게는 이 말이 당장은 받아들여지지 않을 것입니다. 그러나 부모의 이 말은 자녀가 회심하는 데 두고두고 심리적인 영향력을 끼치게 됩니다.

③ 일반적으로 상담은 3단계로 이루어져 있습니다. 1차 전화상담 신청, 2차 상담예약 및 가족 교육, 3차 내담자 상담 순으로 진행됩니다. 그리고 내담자가 회심한 이후에는 일정기간 '후속조치 교육'이 있음을 가족에게 꼭 인식시켜야 합니다. 또한 가족이 가족교육 상담을 받으러 올 때는 내담자에게는 철저히 보안을 유지하도록

유의해야 합니다.

교리반증 상담을 진행합니다.

① 상담은 가족의 요청에 의하여 진행합니다(동의서 징구). 절대 강압적으로 하지 않으며, 사전에 내담자를 원만히 설득하고 동의를 구한 후 진행하는 것을 원칙으로 합니다.

② 상담은 내담자가 스스로 올바른 판단과 선택을 할 수 있도록 도와주는 것입니다. 내담자가 배운 이단교리와 성경해석 방법을 무조건 비판하지 않습니다. 무엇이 잘못된 것인지 성경을 근거로 설명하고 내담자가 자율적으로 선택할 수 있도록 도와줍니다. 그리고 궁금한 부분에 대한 질문과 토론방식으로 상담을 진행합니다.

③ 상담기간은 보통 3~7일 정도 소요되나 필요시 변동될 수 있습니다.

④ 상담 진행 중에도 상담을 거부하거나 취소 요청이 있을 경우에는 즉시 중단하며 강압적으로 하지 않습니다.

⑤ 내담자가 이단의 잘못된 점을 깨닫고 회심한 후에는 사후관리 교육을 받도록 합니다. 가능하면 상담을 받은 교회에서 3개월간 진행합니다. 사후관리가 필요한 이유는 다시 이단으로 돌아가는 것을 방지하고, 정통교회에서 바른 신앙생활의 기회를 체험하도록 하기 위한 것입니다. 또한 이단의 테러와 공격으로부터 보호받고 스스로 바른 신앙생활을 할 수 있도록 도움을 받는 기간이 필요하기 때문입니다.

⑥ 이 기간에 일일성경공부, 수요일, 주일 예배 참석 등 정상적

인 신앙생활을 하면서 이단에서 회심한 이후에 발생하는 현실적인 공허감과 허탈감을 완화시키고 일상에 적응하기 위한 최소한의 회복기간을 갖도록 합니다.

⑦ 이단에서는 신도들이 이단상담소에 가지 못하도록 하기 위해 신도들에게 평소 다음과 같은 내용을 세뇌시킵니다. 이 점을 염두에 두고 상담에 임합니다.

– 이단 상담을 받으면 영이 죽는다.

– 이단 상담을 할 때 감금하고 폭행한다.

– 강제개종을 시키는 곳이다.

– 절대로 상담을 받으면 안 된다.

⑧ 이단 상담 중에는 내담자가 절대 이단 집단과 소통하지 않도록 해야 합니다. 이단과 소통이 이루어지면 이단으로 복귀할 수 있기 때문입니다. 반드시 일정기간 단절이 필요합니다. 다른 중독치료와 마찬가지로 이단 종교중독 역시 일정기간 '격리'가 필요합니다. 다음은 한국교회에서 가장 공신력 있는 이단상담소협회의 연락처입니다.

한국기독교이단상담소협회
http://www.jesus114.net/

대표회장 진용식 목사
– 예장총회(합동) 이단대책위원회 연구분과장
– 안산 상록교회 담임목사

한국기독교이단상담소는 이단집단에 미혹된 사람들을 성경 말씀으로 교화하여 하나님 앞으로, 가족의 품으로 돌려보내는 사역을 하는 곳입니다.

NO	지역 상담소명	상담자	전화번호
1	안산상담소	진용식 목사	0502-838-1452 031-475-9758
2	순천상담소	김종한 목사	010-4616-0081
3	광주상담소	강신유 목사	010-3625-1638
4	광주상담소	임웅기 목사	010-8611-7741
5	인천상담소	고광종 목사	010-6321-0691
6	서울상담소	이덕술 목사	010-8907-9191
7	구리상담소	신현욱 목사	0505-369-3391
8	강북상담소	서영국 목사	010-3017-8291
9	영남상담소	황의종 목사	010-2553-0691
10	강남상담소	김건우 목사	010-3716-7196
11	대전상담소	정운기 목사	010-8001-3281

12	경인상담소	주기수 목사	010-7511-8523
13	전주상담소	진용길 목사	010-8646-8293
14	일본동경상담소	장청익 목사	080-9150-0691
15	청주상담소	이금용 목사	010-9882-8353
16	군산상담소	장지만 목사	010-2200-5544
17	오산상담소	조영란 목사	010-5207-5262
18	제주상담소	양이주 소장	010-3955-5818
19	목포상담소	오상권 목사	010-2895-1551
20	한빛상담소(대전)	우석만 소장	010-7451-5015

《지역별 이단상담소 현황》

2. 기독교 심리치료 상담

◇◇◇◇◇◇◇◇

여전히 남아있는 정서적·심리적 문제

교리반증 상담을 통하여 회심과 개종이 이루어졌어도 여전히 정상적인 생활을 하지 못하는 이단 피해자(탈퇴자)들이 많습니다. 이들에게는 정서적·심리적 후유증의 문제가 남아있습니다. 이 문제는 정상적인 삶과 신앙을 방해하는 이단 종교중독의 부작용이라고 할 수 있습니다.

이들에게는 기독교 심리치료 상담을 통한 회복이 필요합니다. **기독교 심리치료 상담은 이들이 올바른 신앙인으로 성장하는 데 도움을 줄 수 있습니다. 자기성찰의 기회를 제공하여 하나님 안에서 스스로 살아갈 수 있는 신앙적 자율성과 마음의 근력을 키우는 데 도움을 제공합니다.**

이단에 수년간 세뇌되어 있던 피해자(탈퇴자)들은 그동안 재림주로 믿어왔던 교주에 대한 배신감, 절대 진리로 믿어왔던 교리의 허구성, 이단에서 보낸 지난 세월이 허송세월이었음을 깨닫는 순간 좌절하고 절망합니다. 이단에서 보낸 지난 세월은 결국 이들의 마음속에 트라우마를 남깁니다. "나의 모든 것이 깨지고 소망이 무너졌어요. 내가 전도했던 수많은 학생들에 대한 죄책감으로 너무 힘들어요. 이만희를 비롯한 신천지 수뇌부들이 도저히 용서가 안돼요"(구리이단상담소, 신천지 5년 경험자의 간증). 이 간증은 이단 탈퇴 후에 외상 후 스트레스장애 등이 왜 나타나는지를 짐작하게 합니다. 이단 피해자(탈퇴자)들에게는 트라우마로 인해 다음과 같은 반응이 나타날 수 있어 적절한 심리치료가 필요합니다.

- 미래에 대해 희망이 없다.
- 외톨이라는 생각이 들거나 타인에 대한 관심이 없어진다.
- 집중이 안 되고 결정을 내리기 어렵다.
- 갑작스러운 소리에 예민하고 쉽게 놀란다.
- 경계하는 느낌이 들며 과민하다.
- 괴로운 꿈을 꾸거나, 기억이 떠오른다(플래시백).
- 직장이나 학교생활에 곤란을 느낀다.[32]

누구도 깨진 영혼, 분열된 마음 또는 침식된 마음을 가지고 인생을 살아갈 수는 없습니다. 또한 '시간이 모든 것을 치료한다'는 믿음은 위험합니다. 잊어버리고, 강한 척하는 태도는 더 큰 문제를 불러올 수 있습니다. 특히 청년들의 경우 옛 친구들과의 관계단절, 취업의 문제 등 엄혹한 현실 앞에 홀로 서면 미래에 대한 불안은 더욱

---

32   지영근, 『신천지 세뇌방식과 탈세뇌』, 237.

심화됩니다. 이단 피해자(탈퇴자)들의 상당수가 지금도 그때를 생각하면 '허탈과 분노', '슬픔과 후회'의 감정이 밀려온다고 합니다. 이러한 마음의 상처는 기억 속에 남아 두고두고 정서적·심리적으로 장애를 일으키는 요인이 될 수 있습니다. 기독교 심리치료 상담은 이들에게 회복의 시간을 단축시켜 줄 수 있습니다.

기독교 심리치료 상담이란?

기독교 심리치료 상담이란 예수 그리스도를 믿는 신앙과 성경적 원리로 내담자가 자신의 문제를 해결해 가도록 돕는 상담입니다. 미국의 기독교 상담학자인 게리 콜린스(Gary Collins)는 기독교 상담을 다음과 같이 정의합니다. "내담자와 상담자 간의 상호작용을 통해 내담자가 영적, 심리적, 대인관계적인 갈등에서 벗어나 일상생활에서 좀 더 효과적으로 기능하도록 도움을 주는 것이다." 이 말은 자신과 하나님과의 관계를 바탕으로 그들이 가지고 있는 잠재력을 충분히 발휘하여 내담자가 자아실현을 할 수 있도록 돕는 일이라는 것입니다. 기독교 상담자는 내담자가 자율성을 회복하는 데 도움을 주는 역할을 수행합니다. 일반상담은 상담자와 내담자의 이자(二者)관계에서 당면한 문제를 해결해 나가는 것이지만, 기독교 상담은 성령님을 의지하여 내담자의 마음과 행동에 변화가 일어나도록 돕는 것입니다. 기독교 상담은 상담의 전문적인 기술과 방법이전에 성령님을 온전히 의지하는 것에서 시작합니다.

기독교 상담의 종류

• 개인상담

상담사의 전문성에 따라 다양한 형태의 상담이 이루어질 수 있습니다. 이단 피해자(탈퇴자)에 대한 심리상담은 신앙과 종교심리의 문제를 다루게 되므로 필히 '목회상담'이나 '기독교상담'을 전공한 상담전문가의 도움을 받는 것이 좋습니다. 아울러, 한국기독교이단 상담소협회(대표회장 진용식 목사)에서 활동하는 목회자 또는 이곳에서 주관하는 2년 과정의 교육을 이수하고 '교리상담사' 자격증을 보유한 상담사에게 상담을 받는 것도 많은 도움이 될 것입니다.

• 집단상담

이단 피해자(탈퇴자)들의 공통적인 정서는 외로움과 허탈감입니다. 이단에 속해 있을 때는 강한 결속력으로 14만 4천 명 안에 들어가야 한다는 목표에 매진할 수 있었습니다. 그러나 이단 탈퇴 후에는 목적이 상실되었고 수치심과 공허함으로 힘들어합니다. 소그룹 집단상담은 이러한 정서를 갖고 있는 이단 피해자(탈퇴자)들과 함께 진행합니다. 이단 피해자(탈퇴자)들 간에 서로를 공감하고, 공감받는 장이 될 수 있기에 회복에 많은 도움이 됩니다. 그리고 새로운 관계망을 형성하여 자신의 문제를 대처하고 극복하는 데 필요한 정보를 공유함으로써 미래에 대한 자신감을 회복하는 데에도 도움이 될 수 있습니다.

• **집단 인지치료**

자기 성찰과 통찰을 통한 치료법으로써 이단 피해자(탈퇴자)들에게 스스로 생각하고 판단하고 행동하는 능력을 키우는 데 도움을 주는 심리치료입니다. 이단은 교리의 세뇌를 통하여 신도들의 의존성을 강화시키며 수동적 사고를 하게 합니다. 따라서 이들에게 필요한 것은 자신의 내면을 바라보고 기독교인으로서의 자아상을 회복하는 것이라고 할 수 있습니다.

- (예시) 힐링 아카데미 세미나 -

부제는 "자기를 찾아 떠나는 여행"입니다. 필자는 다년간 교회와 학교에서 본 세미나를 인도하여 좋은 반응을 얻은 경험이 있습니다. 또한 이단을 탈퇴한 청년을 상담하면서 본 세미나를 적용하여 긍정적인 결과를 얻은 경험이 있습니다. 이 프로그램은 이단 피해자(탈퇴자)들의 심리회복에 도움을 줄 수 있습니다.

총 10회기로 구성되어 있는데 핵심내용은 **하나님을 알고, 나를 알고, 당당한 그리스도인으로 살아가도록 마음의 근력을 키워주는 회복의 과정입니다.** 본 세미나의 컨텐츠는 다음과 같습니다.

제1강 하나님은 어떠한 분이신가?
제2강 예수님과 성령님께 인도되는 삶
제3강 인간이란 어떠한 존재인가?

본 세미나가 진행되는 동안 참여자는 하나님에 대한 바른 인식을 하게 됩니다. 이를 바탕으로 자기 자신을 알아가게 됩니다. 그리고 자신이 왜 이단에 빠졌으며, 왜 종교중독자가 되었는지를 알게 될 것입니다. 자신에 대한 성찰의 기회를 갖게 되면서 자기를 이해하고, 용서하며, 궁극적으로는 그리스도인으로서 어떻게 살아가야 하는지에 대한 통찰의 단계로 나아가는 데 도움을 줄 것입니다.

• 이야기 치료

이야기 치료란 내담자의 삶에서 대체할 수 있는 새로운 이야기를 찾는 것에서 시작합니다. 내담자의 의식을 지배하고 있는 중심 이야기를 해체하고 새로운 이야기를 강화합니다. 이 치료법은 모든 사람을 자기 삶의 전문가로 보기 때문에 서로 존중하고 누구도 탓하지 않는 분위기로 진행됩니다. 치료과정에서는 내담자와 내담자의 문제를 분리하여 다룹니다. 이는 자신을 소중히 여기고 다른 관점에서 문제를 분석할 수 있도록 도와주는 것입니다. 이야기 치료는 내담자가 자신의 삶을 새롭게 정의할 수 있는 기회를 제공합니다. 내담자의 이야기 속에서 새로운 요소를 창조하여 더 나은 미래로 갈 수 있도록 돕습니다. 이야기 치료의 정신은 언제나 다른 방식으로 다시 생각할 수 있다는 것입니다. 자신의 이야기에 새로운 의미를 부여하여 다시 쓸 수 있다는 것이 치료적입니다.

이단에서 탈퇴하였으나 공허함과 허탈감으로 정체성의 혼란을 겪고 있는 내담자의 경우 이단에서 지냈던 지난 세월(문제적 이야기)에 대해 다양한 해석을 할 수 있습니다. 그리고 그 시절에 대하여 다양한 재해석과 더불어 새로운 의미를 부여할 수도 있습니다. 이러한 점에서 이야기 치료 상담은 이단에 미혹되었던 사람들에게 새로운 통찰의 계기를 마련해 줄 수 있을 것입니다.

- **비블리오드라마 치료**

비블리오드라마(Bibliodrama) 치료는 성경에 등장하는 인물들의 역할을 직접 체험하는 형식의 드라마로 참여자들의 내면을 치료하는 집단상담입니다. 참여자는 몸으로 성경 텍스트 안에 들어가 성경인물들과 대화하고 고민하며 새로운 시각으로 자신을 발견합니다. 그리고 주어진 성경의 상황을 성경에 나오는 인물의 관점으로 바라보고 이해하며 직접 그 역할을 체험합니다. 참여자들은 성경적 관점에서 자신을 성찰하게 됩니다. 마지막 단계에서는 참여자들 간의 나눔을 통하여 통합의 시간을 갖습니다.

이단 피해자(탈퇴자)들은 여전히 이단에서의 종교적 체험이 몸에 배어있습니다. 지금은 비록 탈퇴한 상태이지만 세뇌된 기억들은 여전히 내담자들에게 고통을 줄 수 있습니다. 이들은 비블리오드라마를 통하여 성경의 드라마틱한 상황에 직접 참여하여 자신의 지나온 삶을 이해하고 회복을 경험할 수 있습니다. 몸으로 하는 역할극은 일반 심리상담보다 훨씬 더 강력하게 참여자들을 변화시킵니다. 이런 점에서 비블리오드라마는 이단에 세뇌된 청년들에게 하나님을 새롭게 만나 변화하고 성장할 수 있는 계기를 마련해 줄 수 있습니다.

• 가족치료 상담

가족치료 상담은 문제의 원인을 개인에게서 찾지 않고 가족관계에서 찾습니다. 가족을 하나의 체계로 보며 그 체계 속의 상호교류 패턴에 개입하여 개인의 증상이나 행동에 변화를 가져오도록 돕는 치료입니다. 가족 전체가 참여하는 형태로 진행되며 가족 간의 의사소통과 원만한 관계 형성에 주안점을 두는 상담입니다.

자녀가 이단에 빠졌다는 사실 자체가 부모에게는 커다란 충격입니다. 자녀를 이단에서 탈퇴시키는 지난하고 힘든 과정도 상처로 남습니다. 심각한 것은 자녀가 이단에서 탈퇴하였어도 여전히 자녀에 대한 의심이 남게 된다는 것입니다. 자녀와의 신뢰관계가 예전 같지 않은 것이지요. 자녀가 언제 또 다시 이단으로 갈지 모른다는 의심이 가족들을 불안하게 만듭니다. 그래서 이단 피해자(탈퇴자)

의 가족들도 심리치료의 대상입니다. 이 부분을 함께 다루지 않으면 가족 간의 불화가 언제 또다시 재연될지 알 수 없습니다. 이단에 미혹되었던 자녀의 문제로 여전히 가족 간에 소통의 어려움을 겪고 있다면 가족치료 상담이 필요합니다.

3. 종교중독 진단과 회복을 위한 제언

◇◇◇◇◇◇◇◇

중독 치료에 있어서 중독자 본인이 중독자라는 사실을 인정하지 않으면 치료가 어렵습니다. 이단 종교중독 역시 마찬가지입니다. 상담자는 지나칠 정도로 과도한 종교행위는 중독 증상이라는 사실을 인지할 수 있도록 상담을 이끌어 나가야 합니다. 상담 과정을 통하여 내담자가 자신의 종교행위가 하나님과 자기 자신, 그리고 다른 사람들과의 관계를 어떻게 왜곡하여 왔는지를 인정한다면 이단 종교중독 치료에 필요한 중요한 관문은 넘었다고 볼 수 있습니다.

삼중구조 관계 이해

삼중구조란 기독교 심리치료 상담의 기본적인 개념으로서 상담 현장은 성령님-상담자-내담자로 구성된다는 인식입니다. 이러한 인식은 '지금-여기'의 상담 현장에 성령님이 함께하신다는 믿음을 전제로 '성령님-상담자-내담자'와의 공감적 관계가 이단 종교중독 치료의 핵심이라는 인식입니다. 따라서 상담자는 하나님과의 관계를 늘 점검해야 합니다. 상담방법이나 기술적인 영역 이전에 마음의 자세가 중요하며 상담자는 하나님의 메신저라는 사실을 잊지 말아야 합니다.

종교중독의 진단

종교중독자의 공통적인 특징은 어린 시절의 상처로 인한 정서적 아픔과 낮은 자존감입니다. 그러므로 내담자의 종교중독을 보다 깊이 이해하기 위해서는 그 개인의 삶을 이해해야 합니다. 그리고 그 상처가 신앙발달에 어떠한 영향을 미치고 있는지 살펴보아야 합니다. 이 점을 고려하여 아래와 같이 종교중독에 대한 진단을 해보면 상담에 도움이 될 것입니다. 다음의 평가서는 종교중독 여부를 평가하는 자가 진단 기준입니다. 다음의 테스트 항목을 통해 종교중독의 수준을 평가해볼 수 있습니다.

구분	해당 항목 수	진단내용
1단계	1~2개	심각한 상태 아님, 스스로 유의
2단계	3~7개	종교중독 가능성 높음, 스스로 인정하고 도움을 받아야 함
3단계	8개 이상	종교중독 상태 즉각적인 관리 필요

종교중독 테스트 항목[33]

1. 원인을 이해하지 못하면서 감정적이 되거나 상황에 민감하게 반응하는가?

2. 종교적인 상황이나 결혼식, 장례식, 음악회, 예배에 참석했을 때 강렬하고 격앙된 반응을 보이는가?

3. 특정 인물에게 쉽게 끌리는 자신을 발견하는가?

4. 어떤 진리에 대해 너무 확신하기에 다른 사람의 사고나 의견을 경청할 때 어려움을 겪는가?

5. 매우 명료하고 단정적인 의견과 가치관을 신봉하는 편인가?

6. 특정 진리나 가치관을 확신하고 그것에 대해 자주 이야기하는 편인가?

7. 영적 문제에 대한 당신의 생각을 사람들이 받아들이지 않는다는 이유로 최근 3개월에서 6개월 정도 교회에 나가는 것을 중단한 적이 있는가?

8. 현재 교제하고 있는 단체나 후원 조직에 속하지 않은 사람들을 용납하지 못하는 당신을 발견하는가?

9. 당신이 교제하고 있는 모임에 참석하지 못했을 때 죄책감을 느끼는가? 또는 당신이 추앙하는 종교지도자의 설교를 듣지 못했을 때 죄책감을 느끼는가?

---

33 김선미, 『종교중독의 이해』, 212-213.

10. 가족이나 친구의 충고를 무시하고 교회 헌금 또는 종교지도자에 대한 후원금을 과도하게 늘렸는가?

11. 기도회, 금식, 예배 등에 빈번히 참석하는데도 성취감과 목적 달성의 결핍을 여전히 체험하는가?

12. 종교적 신념이나 활동에 대해 함께 이야기하지 않는 가족, 친구, 지인 등을 의심하는가?

13. 당신의 사고를 타인에게 확신시키기 위해 많은 시간을 소비하는가?

14. 두통, 요통, 위경련, 헛소리, 수면장애, 식욕장애, 불안, 우울 등의 신체적 고통을 겪고 있는가?

15. 친구와 가족들이 최근 당신의 영적 상태에 대해 물은 적이 있는가?

16. 종교적 신념과 활동의 결과로 별거, 이혼, 법적조치, 교회분리 등과 같은 주요한 사건을 경험했는가?

이단 종교중독 치료와 회복을 위한 제언[34]

• 자신의 문제를 인정하라

자신이 중독대상에 의존되어 있음을 인정하는 것이 치료의 지름길입니다. 종교적 신비체험을 갈망하거나 종교의식에서 오는 감정의 고양은 중독성이 있습니다. 여기에 계속 집착하는 것은 강박관념으로써 중독자 자신의 삶을 혼란스럽게 합니다. 이는 건전한 신앙이 아니며 종교적 감정에 치우친 의존적인 행위입니다.

• 대화할 상대를 찾아라

자신의 종교중독 문제를 터놓고 이야기할 수 있고, 자신을 진심으로 도울 사람 또는 단체와 교류해야 합니다. 중독은 스스로 해결하기 어렵기 때문입니다. 주의할 점은 자신에게 종교중독의 원인을 제공한 종교집단과는 접촉을 금해야 합니다.

• 개인적인 도움을 받을 수 있는 후원단체를 찾아라

과거 종교집단에서의 억압, 그로 인한 고통과 정신적 충격, 무기력했던 자신에 대한 기억은 지금도 중독자 자신을 힘들게 합니다. 이와 관련된 경험들을 함께 이야기하고 조언을 듣고, 필요할 때

---

34 그랜드 마틴, When Good Things Become Addictions, 226-230.
　 스티븐 아터번 & 잭 펠톤, 『해로운 신앙』 문희경 옮김, (서울: 그리심, 2017), 295-306.

는 도움을 요청할 수 있는 자조모임이나 단체에 속하는 것이 필요합니다. 여기에서 많은 치유가 일어납니다.

• 의지를 굳게 하고 행동을 중단하라

치료를 위한 강한 의지와 절제된 행동이 절대적입니다. 이를 돕기 위한 관련 프로그램을 시청하고 균형 있는 활동을 한다면 중독 행위를 중단하는 데 도움이 됩니다.

• 하나님께 순복하라

종교중독자는 하나님을 찾거나 하나님을 향해 성장하려는 것이 아니라 자기의 감정에 충실하거나 죄책감을 해결하기 위해 종교를 이용하는 것입니다. 그러나 이제는 정직하게 하나님께 나아가 순복하는 자세를 가져야 합니다. 하나님과의 친밀한 관계는 중독에서 벗어나는 지름길입니다.

• 엄격한 흑백논리에서 벗어나라

종교중독자들은 완벽성을 추구하는 성향이 있습니다. 매우 엄격한 흑백논리로 상대를 비판하고 정죄합니다. 이제는 완벽주의를 내려놓고 너그러운 마음으로 자신을 비롯하여 인간은 연약한 존재라는 사실을 겸손하게 인정하는 것이 필요합니다.

• 해야만 하는 일에 대한 의무감에서 벗어나라

종교중독자는 '해야만 하는 일'이 많습니다. 그리고 '더 잘했어야 했어.'라고 생각합니다. 이러한 의무적인 사고는 더 깊은 중독으로 이끌어갑니다. 예수 그리스도는 결코 율법주의자가 아닙니다. 종교적 의무감에서 벗어나 하나님 안에서 참 자유를 느끼며 자신의 결단으로 살아가는 자세가 필요합니다.

• 과도한 책임감에서 벗어나라

종교중독자들은 무엇이든지 책임을 지려고 하나 정작 자신은 돌보지 않습니다. 타인에 대한 과도한 책임감은 사실 타인을 통제하고 싶은 중독자의 무의식적인 욕구입니다. 일종의 동반의존성입니다. 치료를 위해서는 타인에 대한 통제욕구와 많은 일에 책임을 지려고 하는 자기중심적 감정을 조절하는 데 주력할 필요가 있습니다.

4. 이단 피해자 상담사례

◇◇◇◇◇◇◇◇

본 상담사례는 이단 탈퇴 후 분노조절 장애로 심리적인 어려움을 겪고 있는 청년에 대한 개인상담 사례입니다.

내담자 이해

내담자 L은 서울에 사는 26세의 휴학 중인 남자 대학생입니다. L은 대학 선배를 통하여 이단에 포교되어 약 4년간 활동하였습니다. 그러나 이를 알게 된 부모의 강력한 권유로 이단상담기관에서 '이단교리 반증교육'을 이수하였습니다. 이제는 더 이상 이단에는 출석하지 않으나 종종 '분노'의 감정을 일으키는 문제로 심리상담이 의뢰된 사례입니다.

L의 주 호소문제는 삶의 의욕이 없고 종종 분노가 치밀어 오른다는 것입니다. 면접상담 시 파악된 L은 한마디로 가정폭력의 희생자였습니다. L은 어린 시절부터 폭력가정에서 자랐습니다. 아버지는 수시로 엄마를 때렸고, L도 아버지한테 많이 맞고 자랐습니다. L은 아버지와의 즐거운 기억이 하나도 없다고 합니다.

L은 대학에 진학하여 영어회화 동아리에 가입했습니다. 그리고 동아리 선배의 권유로 성경공부를 시작하게 되었는데 이것이 이단에 가입하는 계기가 되었습니다. 성경공부는 너무 재미있었다고 합니다. 성경공부를 7개월 정도 하고 수료를 며칠 앞둔 어느 날 이곳이 이단종파임을 알게 되었으나 큰 충격은 없었다고 합니다. 이후 4년 동안 이 집단에서 열심히 활동했습니다. 밤늦게까지 알바를 하였고 매일 포교활동과 종교행사에 참가하였습니다. 남는 시간은 성경공부와 토론을 하며 보냈습니다. 그러나 평소 L의 생활을 이상하게 여겼던 엄마가 L의 가방에서 이단과 관련된 글을 보게 되면서 L이 이단에 포교된 사실을 알게 되었습니다.

　　집에서 난리가 났습니다. 부모의 강력한 권유로 반강제적으로 이단상담기관에서 '이단 교리 반증교육'을 받게 되었습니다. L은 부모와의 극단적인 마찰을 피하기 위해 일단 교육은 받기로 했습니다. 교육을 받을수록 L에게 변화가 생기기 시작했습니다. 이단 교리가 틀렸다는 인식을 하기 시작했습니다. 이때의 심정에 대하여 L은 제대로 말을 하지 못했습니다. 비록 이단이라 하더라도 그곳은 4년간 자신의 공허감을 채워주었던 믿음의 체계였기 때문입니다. L은 이 부분을 언급할 때 제일 힘들어했습니다. 어쨌든 L은 이단상담기관의 교리반증 교육을 받고 회심하였습니다. 지금은 더 이상 이단과는 연락하지 않습니다. 그러나 가정에서 어떤 의견 충돌이 있으면 L은 분노가 폭발했습니다. 부모 입장에서 L의 분노는 또 하나의 걱정거리가 되었습니다. 결국 L의 부모는 심리상담 기관에 L의 심리상담을 의뢰하였습니다.

- 개인상담 사례 -

면접상담에서 L은 자신의 청소년기를 '칠흑 같은 어둠의 시절'로 표현했습니다.

상담자 : '칠흑 같은 어둠의 시절'을 좀 더 자세히 말씀해 주시겠어요?

내담자 : 아무런 희망이 없는 상태이죠.

상담자 : 정말 힘드셨겠네요.

내담자 : 네, 너무 힘들고 외로웠어요.

상담자 : 그때의 심정을 무엇으로 표현할 수 있을까요?

내담자 : 뭔가 터질 것 같았어요. 그리고 늘 불안하고 공허했어요.

L에게는 심각한 나르시시즘의 상처가 있었습니다. 이는 어린 시절 부모로부터 공감과 반응을 받지 못한 환경에서 비롯된 것입니다. L은 중·고교시절부터 자신의 마음은 텅 비어있었다고 했습니다. '공허감'은 '수치심'의 근원적인 감정으로서 이 감정은 알 수 없이 밀려오는 불안과 초조를 동반합니다. 오랫동안 수치심은 L을 지배하는 감정이었고, 이 수치심의 감정이 현재 '분노표출'의 원인이 되고 있습니다. L의 심리검사 결과 핵심감정은 '적대감과 분노'였습니다. 부모로부터 존중받지 못하고 공감받지 못한 L에게 이단은 친

절함으로 다가왔습니다. 이러한 상태에서 이단에 가입하게 되었던 것입니다.

> 상담자 : '욱'하는 행동은 언제부터 시작되었나요?
>
> 내담자 : 이단에서 나온 후부터 그랬으니까 아마 금년 봄부터 그 랬던 것 같아요. 왜 그러는지 저도 잘 이해가 안 가요.
>
> 상담자 : 네~ 잘 이해가 안 가시는군요. 그 집단하고 '욱'하는 행동하고 는 어떠한 연관성이 있다고 생각하세요?
>
> 내담자 : 이단 교리반증 교육을 받으면서 믿어왔던 교리가 허구 라는 것을 깨달을 때마다 허탈한 마음이 들었어요. 억울 하기도 하고….
>
> 상담자 : 진리라고 믿었던 종교적 신념체계가 흔들리니 정말 허탈하 고 억울하셨겠네요. 그때의 마음은 어떤 감정일까요?
>
> 내담자 : 공허한 마음인 것 같아요.
>
> 상담자 : 그 집단에서 나온 후 더 마음이 공허해졌다는 말이네요. 누구 라도 그 입장이면 그럴 수 있을 것 같네요. 평소 마음이 공허 할 수밖에 없었던 이유가 있었다면 어떠한 것인지 말씀해 주 실 수 있으세요?
>
> 내담자 : 저는 어디에 마음을 붙일 데가 없었어요. 어릴 때부터 수시로 매를 맞고 자라서 그런 것 같아요.

L은 교리 반증교육을 받으면서 이단 교리에 대한 믿음체계가 흔

들렸습니다. 이것은 L에게는 또 하나의 커다란 고통이고 좌절이었습니다. 이런 점에서 이단에 가입하고 탈퇴했던 일련의 사건은 L의 수치심을 가중시켰고, 그 단체마저도 나를 실망시켰다는 현실은 L의 내면에 잠재되어 있던 분노의 감정을 폭발시키는 기폭제가 되었다고 볼 수 있습니다.

상담자 : 이단에 가입한 후 어떠한 변화가 있었나요?

내담자 : 성경공부가 너무 재미있었고 성경의 의문점들이 해소되었어요.

상담자 : 그랬군요. 그렇다면 믿음에도 변화가 있었겠네요?

내담자 : 네, 성경을 비유로 풀어주니까 쉽게 이해가 되었어요. 성경이 이해가 되니까 믿음도 확실해졌어요. 무엇보다도 저에게 소망이 생겼어요.

상담자 : 소망이 생겼다고요? 어떤 소망이었나요?

내담자 : 내가 이곳에서 열심히만 하면 14만 4천 명 안에 들어가서 제사장이 될 수 있다는 소망이었어요. 소망이 생기니까 어떠한 어려움도 극복할 수 있다는 자신도 생기고…. 무엇인가가 채워지는 듯한 느낌이 들었어요.

L은 이단 가입 후 자신의 욕구가 해결되는 듯한 느낌을 가질 수 있었습니다. 부모로부터 자기 존재를 인정받지 못하고 살아왔기에 늘 낮은 자존감으로 살아왔는데, 이단은 L의 존재를 인정해 주었습

니다. "너도 열심히만 하면 14만 4천 명 안에 들어갈 수 있다. 제사장이 될 수 있다."라고 하는 교리는 자기정체성을 부정당하고 살아왔던 L에게는 획기적인 소망의 원천이 되었습니다. L은 태어나서 처음으로 이단에서 '인정욕구'가 채워지는 경험을 하였습니다.

L에게 있어 아버지의 존재는 부재(不在)라고 할 수 있습니다. 정서적으로 부성의 결핍입니다. 이런 점에서 L의 어린 시절은 이상화 대상을 상실한 시기였습니다. 이러한 어린이는 성인이 되어서도 늘 이상화 대상을 갈망하며 의존적으로 살아가게 됩니다.

상담사 : 이단에 있을 때 교주는 어떤 존재였나요?

내담자 : 처음에는 그저 그런 존재, 그분에 대한 생각을 많이 안 했어요. 그런데 성경공부를 하면서 그분이 성경말씀을 풀어주니까 그분이 이 시대의 대언자라는 믿음이 생기기 시작했어요. 그리고 교리가 이분으로부터 나오는 것을 알게 되니까 예수님과 같은 존재로 믿어지게 되더라구요. 그분이 저 멀리 서있는 모습만 봐도 감동이 밀려오고 눈물이 나고 그랬어요.

L이 이단에 쉽게 빠지고 교주의 가르침을 충실히 따랐던 것은 어찌 보면 어린 시절에 경험하지 못했던 이상화 대상을 찾는 무의식적인 행위라고 볼 수 있습니다. 교주는 정서적으로 부성의 결핍을 채워주는 아버지와 같은 존재로 기능했다고 볼 수 있습니다.

이단에 빠진 청년들의 공통점은 과도한 종교행위로 나타납니다. L 역시 이단 가입 후 1년 만에 휴학을 했습니다. 그리고 전적으로 이단에서의 활동을 일상화했습니다. L은 나르시시즘의 상처로 인한 불안과 공허감을 종교행위라는 외적인 행동으로 채우려 했던 것입니다.

L에게 있어서 이단 가입은 새로운 세계의 시작이었다고 볼 수 있습니다. 어린 시절부터 학대받는 가정환경에서 성장하여 정서적으로 늘 공허한 마음을 안고 살아왔던 L은 이단에서의 지난 4년이 가장 행복했던 시절이었다고 합니다. 이단은 L에게 다음과 같은 몇 가지의 변화를 제공하였습니다.

첫 번째는 성경에 대한 갈증을 해소시켜 주었습니다. 비유로 풀어가는 성경공부 시간은 기성교회에서는 결코 느낄 수 없었던 즐거운 시간이었습니다. 왜곡된 성경해석이지만 그 당시에는 진리라고 믿었습니다.

두 번째는 기존 이단 신도들의 환대였습니다. 그들은 L에게 적극적인 관심을 보였고 항상 친절하고 따뜻하게 대해 주었습니다. 설사 그것이 포교 목적이라 하더라도 L의 입장에서는 처음으로 받아보는 환대 경험이었습니다. L은 지금도 자신을 이끌어주었던 이단 신도들을 그리워하고 있습니다.

세 번째는 삶에서 소망이 생긴 것이었습니다. 14만 4천 명 안에 들어가서 제사장이 되기만 하면 자기를 짓누르고 있던 취업, 결혼

등 이 땅에서 중요하게 여기는 가치들은 의미가 없는 것으로 여겨졌습니다. 14만 4천 명 안에 들어가는 것이 인생의 소망이자 삶의 목표가 된 것입니다.

> **상담자**: 교리 반증교육을 받고 그 단체가 이단이라는 것을 알게 되었을 때 기분이 어떠셨어요.

> 내담자 : 내 삶에서 가장 힘든 시기였어요. 지구가 무너져버리는 느낌이랄까 부끄럽고, 한마디로 존재가 부정당하는 기분이었어요. 배신감도 들었구요. 너무 절망적이었어요. 4년간 진리로 믿어왔는데 이를 버린다는 것이 결코 쉽지 않았어요. 마음이 허탈하고 더 공허해졌어요. 마지막 희망이 사라진 느낌이랄까....

> **상담자**: 부끄럽고, 배신감 들고, 절망적이고, 마음은 더 공허해지고, 정말 힘드셨겠네요. 그 당시 그 단체는 ○○씨에게 무엇이었나요?

> 내담자 : 그 단체는 제 삶의 전부였어요. 늘 공허했던 저에게 그 단체의 모든 것이 다 의미 있게 다가왔어요. 공허한 마음이 채워졌어요. 특히 선배들의 관심과 사랑은 지금도 잊을 수가 없어요. 저는 14만 4천 명 안에 들기 위해 모든 것에 우선하여 전도에 힘썼어요. 그것 이외에는 아무 생각도 없었어요.

L은 가정에서 느낄 수 없었던 환대와 소망, 권위자에 대한 추앙심을 이단을 통해 경험했습니다. 그러나 이제 그 대체물을 상실하게 된 것입니다. 자신이 속했던 이단은 자신의 삶을 지탱해 주던 정신적인 축이었는데 그것마저도 무너진 느낌을 갖게 된 것입니다.

상담자 : 어서 오세요. 지난주 잘 지냈어요?

내담자 : 지난주에 또 분노가 폭발했어요.

상담자 : 그랬군요. 안 좋은 일이 있었나요?

내담자 : 특별한 일은 아니구요. 운동복을 찾는데 아무리 찾아도 없는 거예요. 그래서 엄마한테 여러 번 전화했는데 엄마가 전화를 안 받았어요. 화가 나기 시작했어요. 나도 모르게 욕이 나오고 소리를 막 질렀어요. 핸드폰을 거실 창문을 향해 확 던져버렸어요.

L에게 있어 자신이 속했던 이단에 대한 실망감과 자신이 속았다는 자괴감은 또 하나의 수치심이 되었습니다. 그리고 L에게 분노 감정을 촉발시키는 기제가 되었습니다. L의 입장에서는 어린 시절 수시로 매를 맞으며 억압되었던 일차적인 분노의 감정에 자신이 속했던 이단 단체에 대한 이차적인 분노의 감정이 겹쳐진 것입니다.

이단 피해자인 L에게 제일 필요한 것은 상담자가 자신을 이해하고 있으며, 자신은 공감을 받고 있다는 관계의 경험입니다. 그동안의 상담을 통하여 L은 두 가지의 큰 경험을 이야기했습니다. 첫 번째는 자신의 이야기를 끝까지 잘 들어주어 고맙다고 했습니다. L에게 있어 자신의 내면을 타인에게 이야기한다는 것은 일종의 모험이었습니다. 상담자는 이 부분에 대해서 용기 있는 행동이라고 격려해 주었습니다. 두 번째는 하나님께 기도하며 때로는 하나님을 원망해도 죄책감이 들지 않는다고 했습니다. 상담자는 이러한 변화에 대하여 이단에서는 하나님이 오히려 억압의 존재였으나 이제는 모든 것을 포용해주는 진정한 하나님을 만나고 있는 것이라고 공감해 주었습니다.

어느덧 상담이 20회기가 넘어갔습니다. 의미 있는 변화는 L이 새로운 소망을 갖게 되었다는 것입니다. 초기 면접상담 시 L은 삶의 의욕이 없고 삶의 목표가 없다고 했습니다. 그러한 L에게 변화가 찾아온 것입니다. 며칠 전부터 도서관에 다닌다고 했습니다. L은 그 전부터 갖고 있었던 자신의 잠자고 있던 소망을 다시 찾았다고 했습니다. L의 소망은 다시 공부를 시작하여 목표로 하는 대학에 가는 것이었습니다. 상담자는 L에게 소망을 다시 찾게 되어 축하한다고 말해 주었습니다. L이 소망을 다시 찾게 된 것은 상담자와의 공감적인 관계와 무관하지 않다고 해석됩니다. L은 틈틈이 "나도 어려운 사람들을 돕고 싶어요."라고 말해왔습니다. 이러한 의식에 비추어 볼 때 L은 상담을 통하여 자신을 성찰하고 미래에 대한 소망을 되찾게 되었다고 볼 수 있습니다.

5장

다시 돌아온
당신에게

이단에 빠져 한 시절을 보낸 사람들은 자책합니다. "내가 왜 그랬을까?", "내가 왜 그때 현명하게 대처하지 못했을까?" 이러한 질문이 떠오를 때마다 후회하며 힘들어합니다. 이들에게 훈계나 조언은 금물입니다. 그러나 분명한 사실이 있습니다. 당신이 이단에 빠졌던 것은 전적으로 당신 잘못이 아니라는 것입니다. 이제는 훌훌 털고 당신이 가고 싶은 길을 가야 합니다. 그것이 가능한 이유는 만왕의 왕 예수 그리스도가 당신과 함께하기 때문입니다.

1. 그건 당신 잘못이 아니었어요

◇◇◇◇◇◇◇◇

이단에 오랫동안 몸담고 있던 신도가 이단의 실체를 알게 되었을 때 받는 정신적 충격은 상상할 수 없을 정도입니다. 어느 날 갑자기 부도를 맞은 사업가처럼 밀려오는 충격에 허물어집니다. 그리고 자신에게 원망의 화살을 돌립니다.

"내가 왜 그랬을까?"

"내가 왜 그때 현명하게 대처하지 못했을까?"

"그토록 가족들이 말렸는데…."

가족들과 주변 친구들을 볼 면목이 없습니다. 스스로에 대한 원망과 상실감, 배신감, 허탈감 등으로 삶에 대한 의욕이 떨어집니다. 우울증과 대인기피증이 생기기도 합니다. 그러나 분명한 사실이 있습니다.

'당신이 이단에 빠졌던 것은 전적으로 당신 잘못이 아니라는 것입니다.'

'잘못된 것은 이단의 거짓교리와 거짓포교라는 사실입니다.'

당신은 그저 순수한 마음으로 더 열심히 신앙생활을 하고 싶었을 뿐이었고, 성경에 대해 더 많이 알고 싶었고, 위로받고 싶었을 뿐이었습니다. 이 점을 이용한 이단이 잘못된 것입니다.

이단 신도의 절반은 청년입니다. 10년 이상 이단에서 보낸 청년들도 많습니다. 이단에서 탈퇴한 청년들은 진리라고 믿어왔던 종교적 신념 체계가 허물어졌다는 사실에 좌절하고 절망합니다. 가장 귀중한 인생의 시기를 덧없이 보냈다는 사실에 하염없이 자책합니다. 이들은 이단에서 겪은 일을 인정하고 싶지 않고, 또다시 기억하고 싶지도 않습니다. 생각하면 너무 괴롭고 힘들고 수치스럽기 때문입니다.

이단 피해 청년들이 수치심을 극복하는 방법은 먼저 "내 잘못이 아니었다."는 점을 분명히 아는 것입니다. 그리고 "나 역시 이단 피해자"였음을 이야기하는 것입니다. 수치심은 비밀스런 베일에 싸여 있을 때 존재합니다. 당신에게 있었던 삶의 진실을 자유롭게 이야기할 수만 있다면 당신의 수치심은 점차 소멸될 것입니다. 가능하다면 이단 피해자들로 구성된 집단에서 서로 교류하며 아픔을 나누는 것이 좋습니다. 비밀이 보장된 안전한 환경에서 자신의 아픔을 이야기하세요. 비밀이라는 새장에 갇혀 있을 필요가 없습니다. 비밀의 껍질을 깨야 새로 태어날 수 있습니다. 서로를 공감하고 이해할 수 있는 그곳에서 여러 명으로부터 "당신 잘못이 아니었어요."라는 이야기를 듣고 지지를 받는다면 당신은 더 큰 힘을 얻을 수 있을 것입니다. 당신이 이단에 빠졌던 것은 결코 당신 잘못이 아닙니다. 잘못된 것은 이단의 거짓교리와 거짓포교라는 사실입니다.

2. 자신을 수용하세요

∞∞∞∞∞∞

자기수용이란 현재의 나를 있는 그대로 받아들이고, 할 수 있을 때까지 앞으로 나아가는 것입니다. 자기 자신을 더 이상 속이지 않는 것이지요. 쉽게 말하면 60점짜리 자신을 그대로 60점으로 받아들이고, 100점에 가까워지려면 어떻게 해야 좋을지 방법을 찾는 것입니다. 이것이 자기를 수용하는 자세입니다.

이단에서 탈퇴하면 누구나 정신적으로 힘든 기간을 보내게 됩니다. 그럴 수밖에 없습니다. 수년간을 절대적인 가치로 믿어왔던 신앙과 삶의 축이 무너졌기 때문입니다. 이들 이단 피해자들은 믿고 따르던 교주에 대한 배신감과 허탈감, 그리고 수치심으로 힘들어합니다. 이단과 함께했던 지난 세월의 기억은 트라우마로 남습니다. 그리고 끊임없이 자책합니다.

이단 피해자들에게 가장 중요한 것은 무엇보다도 심리적인 안정과 회복입니다. 그러기 위해서는 자기수용의 자세가 중요합니다. 이단에서 생활했던 지난 세월을 담담하게 인정하는 것입니다. 지나간 세월은 지나간 세월일 뿐입니다. 이러한 인식은 용기를 필요로 합니다. 혹시 용기가 부족하다면 용기를 더 내기 위해 노력해야 합니다. 당신은 충분히 할 수 있습니다. 중요한 것은 과거가 아니고 현재와 미래이기 때문입니다. 당신에게는 여전히 소중한 미래가 있음을 명심하십시오.

인생에는 '바꿀 수 없는 것'과 '바꿀 수 있는 것'이 있습니다. 자기수용적 자세란 '바꿀 수 없는 것'에 주목하지 않고 '바꿀 수 있는 것'에 주목하는 것입니다. '있는 그대로의 나'를 받아들이고 지금부터 '바꿀 수 있는 미래'를 향하여 당당하게 나아가는 것입니다.

그러한 당신에게 라인홀드 니부어(Reinhold Niebuhr)의 기도는 용기를 줄 수 있습니다.

"신이시여,
내가 변화시킬 수 없는 것들은 받아들이는 평온함을 주시고,
변화시킬 수 있는 것들은 변화시킬 수 있는 용기를 주시고,
이 두 가지를 구별할 줄 아는 지혜를 주소서."

3. 이제는 주님과 함께 씩씩하게 나아가세요

◇◇◇◇◇◇◇◇

"내가 네게 명령한 것이 아니냐 강하고 담대하라 두려워하지 말
며 놀라지 말라 네가 어디로 가든지 네 하나님 여호와가 너와
함께 하느니라 하시니라"(여호수아 1장 9절).

모세의 죽음으로 갑자기 이스라엘의 지도자가 된 청년 장군 여호수
아에게 여호와 하나님이 하신 말씀입니다. 모세의 죽음으로 이제는
여호수아에게 이스라엘 백성 수백만의 목숨이 달려있습니다. 계속
가나안 땅을 향하여 나아가야 하는데 거기서 무슨 일을 당할지 아
무도 모르는 상황입니다. 이때 여호수아의 심정은 어떠했을까요?
얼마나 긴장되고 두려웠을까요? 이러한 여호수아에게 여호와 하나
님은 말씀하셨습니다.

"강하고 담대하라 두려워하지 말며 놀라지 말라 네가 어디로 가
든지 네 하나님 여호와가 너와 함께 하느니라 하시니라."

이 말은 인생이라는 광야를 달리는 모든 사람들에게 용기를 주

는 말입니다. 살다보면 누구든지 인생의 어려운 시기를 만나는데, 특히 좌절과 절망의 시기를 맞이한 사람들에게 큰 힘이 되는 말입니다.

　이단 피해자들 역시 인생의 광야를 경험한 사람들입니다. 이들 역시 좌절과 절망을 크게 느껴본 사람들입니다. 이들에게는 예수님의 위로가 필요합니다. 이들에게 예수님은 말씀하십니다.

　"그동안 힘들었지?"
　"혹시 지금도 자책하고 있니?"
　"이제는 그럴 필요 없다."
　"네가 얼마나 마음 고생했는지 내가 다 안다."
　"괜찮아!"
　"이제는 편히 쉬렴."
　"그리고 나와 함께 씩씩하게 나아가자."
　"나는 너를 끝까지 사랑할거야."

　마지막으로 이단 피해자를 비롯하여 이 책을 읽는 모든 사람들과 함께 나누고 싶은 이야기가 있습니다. '꿈과 이상'에 관한 이야기입니다.

　'가장 높이 나는 새가 가장 멀리 본다.'
　'우리에게 꿈이 있다면 그것을 이룰 힘도 이미 있는 것이다.'

미국의 소설가 리처드 바크(Richard Bach)의 우화소설인 『갈매기의 꿈』에 나오는 말입니다. 당장 눈앞의 어려움과 보이는 현상에 연연해하지 말고 저 멀리 앞날을 내다보며 마음속에 자신만의 꿈과 이상을 간직하며 살아가라는 뜻입니다. 다른 갈매기들의 따돌림에도 흔들림 없이 꿋꿋하게 자신의 꿈에 도전하는 갈매기 조나단의 모습에서 '자기완성'을 향한 삶의 모습이 얼마나 아름답고 중요한지를 깨닫게 됩니다.

책 속의 책 : 부록

1장

이단은 어떠한
종교집단인가?

◇◇◇◇◇◇◇◇◇

이단은 가짜 기독교입니다. 즉, 거짓이야기꾼들이며 그리스도의 이름으로 속이는 자들입니다. 이 책에서는 기독교 이단사이비를 '이단'으로 총칭하여 부릅니다. 원래 이단과 사이비는 다른 뜻이나 기독교를 모방하거나 분파되어 기독교에 해악을 끼친다는 공통점이 있으므로 편의상 '이단'이라는 용어로 통일하고자 합니다.

본 장에서는 한국에서 활발하게 활동하고 있는 이단 교주의 정체와 거짓 구원교리 그리고 이단의 최신 포교방법에 대하여 설명하겠습니다.

이단의 공통적 특징

1. 자신의 집단에만 구원이 있다고 강조한다.
2. 교주 자신이 재림예수이며, 하나님과의 직통계시를 주장한다.
3. 시한부 종말론을 주장하여 신도들에게 두려움을 준다.
4. 예수 그리스도의 신성과 삼위일체 교리를 부정한다.
5. 행위구원을 강조하고 신비체험과 열광주의를 맹신하게 한다.
6. 기성교회를 구원이 없는 거짓 종교집단으로 몰아붙인다.
7. 성경은 오직 비유로 풀어야 한다며 비유풀이를 강조한다.

8. 가출과 이혼을 조장하는 등 윤리의식과 사회적 책임이 미약하다.

9. 특수한 집단체제를 형성하며 과도한 헌금 강요로 재산을 갈취한다.

10. 정체를 숨기고 은밀히 접근하는 등 정직하지 않다.

11. 성경을 가르치면서 목사님과 부모님께는 비밀로 하라고 한다.

12. 성경 이외에 새로운 책을 들고 나와 새 시대의 진리라고 주장한다.

13. 성경에서 말하는 동방을 한국이라고 억지로 해석한다.

1. 자신을 신격화하는 교주들

◇◇◇◇◇◇◇◇

이단 교주들은 자신을 재림예수라고 주장한다.

신천지의 교주 이만희는 그의 저서 『요한계시록의 실상』에서 자신을 다음과 같이 표현합니다.

> "하나님의 책을 받아먹은 요한(새 요한)은 이제 걸어다니는 성경이 되고, 새 언약의 말씀인 계시록을 새긴 언약의 사자가 되며, 살아 움직이는 하나님의 인(印)이 된다. 또한, 하나님의 말씀이 천국으로 인도하는 길이요 진리요 생명이며 하나님의 씨이므로, 말씀을 받은 요한도 길이요 진리요 생명이 된다."
>
> (이만희의 『요한계시록의 실상』)

여기서 말하는 새 요한은 이만희 자신입니다. 그리고 자신이 언약의 사자이며, 길이요 진리요 생명이라고 주장합니다. 이만희는 자신을 이 시대의 구원자, 즉 예수의 영이 임한 재림예수라고 주장합니다. 그리고 오직 자신을 통해서만 구원받을 수 있다고 주장합니다.

JMS 정명석 역시 자신을 예수의 영이 임한 재림예수라고 주장합니다. 정명석은 구약시대의 비밀은 비유로 인봉하여 두었다가 재림 때 비유를 풀어주신다고 주장합니다. 그 말은 지금 자기가 비유를 풀었으니 자기가 재림예수이고 지금이 재림의 때라는 주장입니다.

하나님의교회(안상홍증인회)는 교주 안상홍(1985년 사망)이 성령 하나님이자 재림예수라고 가르칩니다. 하나님의교회 정관 전문에는 '성경의 증거대로 새 이름으로 이 땅에 오신 성령 하나님 안상홍님의 이름과 성령 하나님의 신부되시는 어머니 하나님 장길자님을 믿음으로 구원을 받는다는 진리를 믿는다.'라고 기록되어 있습니다.

통일교의 경우도 교주 문선명(2012년 사망)이 한국에 재림한 메시아라고 주장합니다. 통일교 경전인 원리강론 총서에 의하면 '하나님은 이미 이 땅 위에 인생과 우주의 근본문제를 해결하게 하시기 위하여 한 분을 보내셨으니, 그분이 바로 문선명 선생이다.'라고 기록되어 있습니다.

이처럼 이단의 교주들은 대부분 자신을 이 시대의 재림예수라고 주장합니다. 그리고 자신이 계시를 직접 받았기에(직통계시) 자신만이 성경을 해석할 수 있다고 주장합니다. 이 점이 비유풀이가 통하는 이유입니다. 이단 신도들은 교주가 하나님의 계시를 받았다고 하면 그의 말을 철석같이 믿는 경향이 있습니다.

비판

성경은 예수님 외에 어떤 인간도 길이요 진리요 생명이 될 수 없다고 말씀합니다. **"예수께서 가라사대 내가 곧 길이요 진리요 생명이니 나로 말미암지 않고는 아버지께로 올 자가 없느니라"**(요 14:6). 따라서 이단 교주들이 자칭 자신을 재림예수라고 주장하는 것은 과대망상에 기반한 터무니없는 자기주장일 뿐입니다. 한국에서 자신을 재림예수라고 주장했던 이단 교주는 줄잡아 40여 명이 된다고 합니다. 이들은 여전히 정통 기독교에는 구원이 없고 자신의 집단에만 구원이 있다고 주장합니다.

이단 교주들의 세 가지 심적 요소

인간에게는 '지·정·의'라는 정신 활동의 근본 기능인 세 가지 심적 요소가 있습니다. 지성(知性), 감정(感情), 의지(意志)를 나타내는 이 말은 사람의 '전인격'(全人格)을 아우르는 의미를 담고 있습니다. 신앙에 있어서도 지성, 감정, 의지의 바른 균형은 매우 중요합니다. 종교인들에게 발생하는 대부분의 문제들도 이 세 가지 정신기능이 적절하게 조화를 이루지 못하는 것에서 비롯됩니다. 따라서 스스로를 재림주라고 자처하는 한국의 이단 교주들 역시 '지·정·의'의 부조화에서 기인하는 문제로 볼 수 있습니다. 이단 교주들의 공통적인 특징을 '지·정·의' 관점에서 다음과 같이 살펴보겠습니다.

첫 번째로 지(知)적인 면입니다. 이단 교주들은 지적 수준이 아주 낮습니다. 그 이유는 상당수가 사회적으로 정규교육을 제대로 받지 못했으며, 체계적으로 신학을 배우지 못했기 때문입니다. 교주들은 성경을 아전인수(我田引水)식으로 해석합니다. 터무니없는 비유풀이를 할 수 있는 것은 성경에 대하여 모르기 때문에 가능합니다. 성경에 대하여 제대로 배우지 못했기에 오히려 성경을 엉뚱하게 해석할 수 있습니다. 아이러니하지만 그들이 성경에 대하여 깊은 안목이 있었다면 이단 교주가 되지 못했을 것입니다. 반면, 교주를 추앙하는 핵심간부들은 대부분 고학력 전문가들이 많습니다. 이들은 자신의 지식을 최대한 동원해서 어눌한 교주의 성경해석과 주장을 논리적이고 체계적으로 교리화시킵니다. 그리고 교주의 신격화에 동조하면서 체계화시킨 교리를 신도들에게 교육시키고, 세뇌시키며, 신도들을 통제하는 도구로 활용합니다.

둘째, 정(情)적인 면입니다. 이단 교주들은 대부분 불우한 어린 시절을 보냈다고 합니다. 가난하고 가학적인 환경에서 성장한 이들은 어린 시절에 받은 마음의 상처로 나르시시즘에 빠져 있는 경우가 많으며, '박해망상'과 '자기애성 인격장애자'들이 많습니다. 이들은 대부분 자신을 신격화된 존재로 생각하기에 자신은 죽지 않으며 영원히 사는 존재라고 강조합니다. 이들 자기애성 교주들은 권력 지향적이기에 순종이라는 이름으로 신도들을 통제하며 과도한 찬사를 요구합니다. 그리고 헌신이라는 미명하에 신도들을 착취합니다. 또한 매우 자기중심적이며 과대-과시적 요소가 크고, 타인에 대한 공감능력이 부족합니다. 따라서 자신이 행하고 있는 종교적 착취 행위에 대하여 양심의 가책을 느끼지 못합니다. 오히려 자신의 행위를 종교적으로 합리화합니다. 또한 이단 교주들은 대부분 과거 자신이 추앙하던 교주를 배신하는 경우가 많습니다. 그럼에도 불구하고 정작 자신은 자신의 권위에 도전이 될 만한 2인자들을 절대 용납하지 않는 특성이 있습니다.

셋째, 의(意)지적인 면입니다. 이단 교주들은 과도한 종교행위 등 의지적인 행위를 강조합니다. 대부분 이단의 구원관이 행위구원인 까닭이 여기에 있습니다. 이는 올바른 지성과 감정을 갖춘 사람에게서 나올 수 없는 모습입니다. 신앙이 이런 오류에 빠지면 행위구원의 늪에 빠지게 됩니다. 이는 하나님에 대한 올바른 신앙이 아닌 자기 의와 교만입니다. 이러한 오류는 무지한 경건주의로 신도들을 이끌어갑니다. 이단의 공통점은 그리스도 십자가의 은혜를 의지하지 않고, 자기 열정과 종교행위로 구원에 이른다고 가르칩니다. 대표적인 것이 14만 4천 명 안에 들어가기 위하여 종교행위에 목숨을 걸게 하는 것입니다. 이단에 빠진 청년들이 가출하거나 학업을 중단하는 이유가 여기에 있습니다. 표면적으로는 열정적인 포교, 선행과 봉사를 강조하지만 사실은 교주의 종교적 목적을 달성하기 위한 것입니다. 교주들은 자기의 종교적 의지를 관철하기 위하여 신도들을 외적인 종교행위에 끌어들입니다. 또한, 신도들에게 과도한 헌금을 강요하고 노동력을 착취합니다. 재물에 대한 탐욕과 집착이 큽니다. 그리고 순종을 강요하며 여신도들을 성적으로 착취하는 공통점이 있습니다. 이는 철저한 종교적 위계구조에서 벌어지는 일종의 권력남용입니다. 교주들은 자신이 하나님의 자리에 앉아 자신의 사리사욕을 채우는 자들입니다.

2. 신도들을 통제하는 거짓 구원교리

◇◇◇◇◇◇◇

죽음이라는 유한성 앞에 인간은 두려움을 느끼는 나약한 존재입니다. 인간에게 있어 '구원'은 가장 근원적인 개념입니다. 어느 종교를 막론하고 가장 궁극적으로 추구하는 절대성의 문제입니다. 종교의 핵심은 '구원론'입니다. 이단 역시 자신의 집단에만 구원이 있다고 주장하며 구원의 문제를 가장 중요하게 다룹니다. 이단이 어떠한 종교집단인가를 알기 위해서는 이단에서 주장하는 핵심적인 구원교리를 살펴 볼 필요가 있습니다. 이단에서 주장하는 구원교리를 살펴보기 전에 먼저 정통 기독교에서 말하는 구원교리에 대하여 리뷰(review)해 보겠습니다.

정통 기독교에서 말하는 '구원이란 무엇인가?'

기독교인들이 신앙생활을 하는 궁극적인 이유는 무엇일까요? 그들은 왜 예수 그리스도를 믿을까요? 한마디로 구원받기 위함입니다. 만일 구원에 대한 믿음 없이 교회를 다닌다면 그 사람의 교회생활은 사교모임에 불과한 것입니다. 그렇다면 구원이란 무엇인가요? 영원히 죽을 수밖에 없는 죄인 된 인간이 하나님의 은혜로 말미암아 영원한 생명을 얻는 것입니다. 이것이 구원입니다. 하나님에 대한 불순종으로 인간은 죄인이 되었습니다. 하나님과의 관계가 단절되었습니다. 영적으로는 사망에 이른 것입니다. 그러나 인간은 유한한 존재이기에 스스로는 죄인 된 상태에서 벗어날 수 없습니다. 하나님의 전적인 은총에 의하지 않고는 하나님과의 관계를 회복할 수 없습니다. 이러한 상태에 있는 인간에게 하나님은 사랑을 베푸셔서 독생자 예수 그리스도를 이 땅에 보내 주셨습니다. 그리고 인류 대속의 제물로 삼으셨습니다. 이 사실을 믿는 것, **예수 그리스도가 나의 죄를 대속하기 위하여 십자가에서 돌아가셨고, 사흘 만에 부활하셨다는 사실을 받아들이고 믿는 것이 기독교 신앙의 핵심입니다. 이 사실을 믿는 자는 구원받을 수 있습니다.** 따라서 인간이 구원을 받기 위해서는 예수 그리스도가 나의 구원자라는 믿음이 전제되어야 합니다. 예수 그리스도에 대한 믿음이 없다면 구원은 받을 수 없습니다. 이것은 성경적 진리이기에 오직 성경을 통해서만 알 수 있습니다. 기독교 신앙에서 성경에 대한 신뢰는 가장 기본적인 신앙의 자세입니다. 예수 그리스도는 다음과 같이 말씀하셨습니다. "내가 곧 길이요 진리요 생명이니, 나로 말미암지 않고는 아버지께로 올 자가 없느니라"(요 14:6).

【이단의 거짓 구원교리】

• 이단은 '시대별 구원자론'을 강조합니다.

이단은 성경의 시대를 삼시대로 나누어 설명합니다. 성경의 시대를 구약시대, 신약시대, 종말시대로 나누어 각 시대마다 구원의 방법과 복음이 다르다고 주장합니다. 이것이 시대별 구원자론입니다.

시대별 구원자론은 이단 교주들이 자신을 재림예수로 합리화하기 위해 주장하는 교리입니다. 각 시대마다 별도의 구원자가 있다는 주장입니다. 즉, 노아시대에는 노아를 따라야 구원받았고, 모세시대에는 모세를 따라야 구원받았으며, 예수시대에는 예수의 말을 따르는 것이 구원의 조건이라는 말입니다. 그렇다면 이 시대에는 누구의 말을 따라야 구원을 받을까요? **이 시대에는 이 시대에 출현한 구원자의 말을 따라야 구원받을 수 있다는 논리입니다. 그리고 이 시대의 구원자는 바로 자기 자신**(이단 교주)**이라는 것입니다.** 대표적 이단 교주인 이만희, 정명석, 안상홍, 문선명 등을 믿어야 구원받을 수 있다는 것입니다. 이러한 시대별 구원자론은 모든 가짜 재림예수들이 공통적으로 주장하는 교리입니다. 이단은 기성교회에서 믿는 예수 그리스도는 지난 신약시대의 구원자로서 종말시대인 이 시대에는 구원의 조건이 될 수 없다고 가르칩니다.

비판

시대별 구원자론은 비성경적인 엉터리 교리입니다. 성경에서 말하는 구원자는 오직 한 분 예수 그리스도뿐입니다. 성경의 역사에서도 구원자는 시대별로 다르게 나타나지 않았습니다. 성경은 아담의 불순종 이후 창세기 3장 15절을 통하여 이미 예수 그리스도의 출현과 십자가의 구속을 예고하고 있습니다. 예수님의 부활 승천 이후에도 결코 다른 구원자는 있을 수 없습니다. 많은 이단 교주들이 자기를 이 시대의 구원자라고 주장하는 것은 사탄의 속임수입니다. "다른 이로서는 구원을 얻을 수 없나니 천하 인간에 구원을 얻을 만한 다른 이름을 우리에게 주신 일이 없음이니라 하였더라"(행 4:12)고 성경은 지금도 증거하고 있습니다.

• 이단은 14만 4천 명이 구원받는 숫자라고 가르칩니다.

14만 4천 교리는 이단의 핵심교리입니다. 이단은 14만 4천 명만 구원받는다고 주장합니다. 그리고 구원받는 자는 오직 자기네 종교집단만 해당된다고 가르칩니다. 14만 4천을 주장하는 이단은 신천지, JMS, 안식일교, 여호와의 증인, 통일교, 하나님의교회(안상홍증인회) 등입니다. 여호와의 증인은 자신들만이 인침을 받은 14만 4천이라고 주장합니다. 신천지는 추수꾼들이 거두어들인 알곡 신자인 자신들만이 14만 4천이라고 주장합니다.

대표적으로 신천지에서 주장하는 14만 4천 교리에 대하여 살펴보겠습니다. 신천지 신도들은 자기들만이 영생하고 세상 사람들은

100세도 못되어 죽으니 결국 이 세상은 신천지 신도들로 채워진다고 믿고 있습니다. 결국은 신천지가 세계를 지배하며 만국을 다스리게 된다고 합니다. 이 중에서 14만 4천 명에게는 왕 같은 제사장권이 주어지는데 이들은 이 세상을 다스리며 부귀영화를 누리고 영생하게 된다는 것입니다. **이 교리를 믿는 신천지 신도들은 14만 4천 명 안에 들어가는 것이 인생 최대의 꿈이요, 목표가 됩니다.** 그렇다면 누가 14만 4천 명 안에 들어갈까요? 재림주 이만희를 믿고 새 언약의 말씀으로 인을 맞은 자라야 들어갑니다. 인을 맞으려면 신천지에 들어와 이만희를 믿고 전도, 헌금, 출석 등 종교행위 실적을 달성해야만 인을 맞을 수 있습니다. 그래서 신천지 신도들은 실적 달성을 위해 가출, 학업중단, 이혼, 휴직, 결혼포기 등 일상의 소중한 삶을 포기하고 자신의 삶을 바치게 됩니다. 특히 전도 열매가 중요한데 열매가 없으면 14만 4천에 못 들어갑니다. 열매란 다른 사람을 미혹하여 신천지 집단으로 전도하는 것입니다. 그래서 그들은 기성교회 성도들을 미혹하기 위해 거짓 모략과 연기 등 수단과 방법을 가리지 않고 추수꾼 노릇을 합니다.

어느 가정주부가 이단에 포교되어 14만 4천 교리를 믿게 되었습니다. 이 주부에게는 14만 4천을 채워서 자신과 가족들이 구원받기를 바라는 간절한 믿음이 생겼습니다. 그런데 가족들은 자신을 그 단체에 못 가게 막습니다. 이럴 때 이 주부는 어떠한 선택을 할까요? **사랑하는 가족을 위해 사랑하는 가족을 포기합니다.** 이단에 빠진다고 해서 가족에 대한 사랑이 없는 것이 아닙니다. 이 주부가 가출을 결심하게 된 계기는 자신이 먼저 14만 4천에 들어가야 가족들을 구원할 수 있다는 왜곡된 믿음 때문입니다. 이단은 신도들에게 왜곡된 교리를 주입하여 가족을 포기하게 합니다.

비판

성경에서 말하는 14만 4천의 의미는 신·구약의 구원받은 모든 성도를 상징적으로 표현한 말입니다. 구약시대의 열두 지파와 신약시대의 열두 사도의 숫자를 곱한 144에 '무한대, 셀 수 없는 수'를 뜻하는 1,000을 곱한 숫자입니다. 이단에서는 하나님의 인 맞은 14만 4천은 상징적인 숫자가 아닌 실제 숫자라고 가르칩니다. 이 숫자 안에 들어가야 구원받을 수 있다고 주장합니다. 이러한 주장은 비성경적입니다. 이단은 14만 4천 교리를 신도들을 통제하고 경쟁심을 유발시키는 데 사용하는 개념으로 둔갑시켰습니다.

• 이단은 '시한부종말론'을 강조합니다.

시한부종말론이란 종말이 오는 특정 시점을 지정하고 그날 휴거가 일어난다는 이론입니다. 이것 역시 이단의 공통적인 교리입니다. 현세의 어려움을 일시에 해결하고 싶은 불안하고 절박한 사람들이 시한부종말론에 쉽게 빠집니다. 과거 시한부종말론에 미혹된 사람들에게서 재산헌납, 가출, 이혼, 학업·직장·양육포기 등의 현상이 발생했었습니다. 시한부종말론이 창궐하면 이러한 현상은 또 발생할 것으로 예상됩니다. 세상의 종말이 눈앞에 다가왔는데 굳이 정상적인 사회생활을 할 필요가 없기 때문입니다. 이는 반사회적인 종교현상입니다.

1992년 대한민국을 휩쓴 시한부종말론에 관한 이야기입니다. 그해 10월 28일, 서울 마포구의 어느 교회에 사람들이 모여들었고 TV 카메라와 기자들의 중계가 이어졌습니다. 28일 자정이 되면 신앙심이 깊고 선택받은 사람들이 하늘로 올라간다는 시한부종말론 '휴거'를 취재하기 위해서였습니다. 그러나 휴거는 이루어지지 않았습니다. 당시 다미선교회의 이장림 목사에 의해 주창되었던 시한부종말론은 전국 300여 교회와 2만여 명 이상의 기독교인에게 영향을 미쳤습니다. 1992년 시한부종말론이 태동했던 90년대 초반의 한국 사회는 여러 가지 사건과 사고들로 불안과 위기의식이 가중되었던 시기였습니다. 불안한 신도들은 시한부종말론에 빠져들었으나 휴거는 불발되었습니다. 휴거에 대한 믿음이 컸던 사람일수록 충격이 컸습니다. 휴거에 대비해 전 재산을 교회에 바친 어느 가장은 목숨을 끊었습니다. 학업을 포기하고 가출을 감행한 10대 청소년들도 있었습니다. 그러나 1992년 휴거 사태는 해프닝으로 끝났습니다.

안식교의 태동은 '재림운동'과 관련이 깊습니다. 미국의 침례교 설교자인 윌리엄 밀러(William Miller, 1782 ~ 1849년)는 1844년 10

월 22일에 예수님이 재림한다는 소위 '재림운동'을 했는데, 예수님의 재림이 없자 많은 사람들이 실망에 빠졌습니다. 예수의 재림은 이루어지지 않았어도 이 일을 계기로 밀러를 따르던 무리들에 의해 '제칠일안식일예수재림교회'가 만들어지는 기원이 되었습니다.

여호와의 증인은 현대 시한부종말론의 원조로 불립니다. 설립 초기부터 예수 재림과 아마겟돈 전쟁이 벌어질 것을 강조했기 때문입니다. 여호와의 증인 창시자 찰스 러셀(Charles Russell, 1852 ~ 1916년)은 1872년에 안식교의 영향을 받아 새로운 종파를 창설했습니다. 그는 1874년에 예수 그리스도의 재림이 있을 것이라고 주장했지만 불발에 그쳤고, 1914년에는 아마겟돈 전쟁이 일어나 세상이 끝날 것이라고 주장했으나 또다시 불발에 그쳤습니다. 종말이 곧 온다는 위기감에 따라 신도들은 적극적인 포교활동을 펼쳤습니다. 한국의 경우도 여호와의 증인 신도들이 1990년엔 8만 6천 명을 넘어섰고 지금은 10만 명 이상으로 추산됩니다. 이들은 지금도 1914년에 예수님이 재림했다고 철석같이 믿고 있습니다. 특히 아마겟돈 전쟁 이후는 여호와의 증인만을 위한 천년왕국이 설립되어 14만 4천 명은 왕 노릇하며 살게 된다고 믿고 있습니다.

신천지의 시한부종말론은 하나님의 뜻에 합한 자 14만 4천 명이 채워지면 한국인을 중심으로 세계질서가 재편된다는 개념입니다. 14만 4천 명에 포함된 성도는 왕 같은 제사장이 되어 이 세상을 영원히 다스리고 많은 사람들이 흰무리처럼 수종을 들게 된다고 생각합니다. 신천지의 시한부종말론은 날짜를 지정하지 않고 14만 4

천 명이 채워져야 한다는 조건을 내걸었다는 특징이 있습니다. 문제는 14만 4천 명이 누가 될지 아무도 모른다는 것입니다. 때문에 14만 4천 명 안에 들기 위한 신천지 신도들 간의 무한 경쟁이 무리한 포교와 가출, 학업중단 등으로 이어지고 있다는 점에서 다른 이단과의 차이점을 보이고 있습니다.

하나님의교회(안상홍증인회) 역시 시한부종말론을 강조합니다. 국민일보는 하나님의교회에서 제기한 6억 4천만 원의 손해배상 청구소송을 2년간 진행한 바 있습니다. 국민일보가 본 소송에서 승소함으로써 하나님의교회는 시한부종말론을 주장하는 집단이라는 사실이 확실해졌습니다. 그동안 하나님의교회는 수차례 신도들에게 세상의 종말이 온다고 외쳐놓고도 시한부종말론을 제시한 적이 없다며 발뺌을 해왔습니다. 국민일보와의 소송에서도 "그런 적 없다"며 오리발을 내밀었습니다. 그러나 시한부종말론을 외친 전력이 드러나면서 한국사회에서 반사회적 종교집단으로 낙인찍히게 되었습니다. 대법원 3부(주심 김신 대법관)는 "하나님의교회가 1988년, 1999년, 2012년에 시한부종말론을 제시했다."고 분명하게 못 박은 원심 판결을 확정했습니다(국민일보, 2015. 7. 5).

비판

시한부종말론을 주장하는 이단들은 세계의 종말이 바로 눈앞에 다가왔다고 선언하며 절박한 위기감을 조장합니다. 세상의 종말에서 살아남으려면 빨리 자신의 집단에 가담해야 한다는 주장입니다. 구원은 오직 자기 집단에만 있다는 것이지요. 그러나 이 말은 거짓입니다. 성경은 종말의 때에 대하여 다음과 같이 증거합니다. "그 날과 그 때는 아무도 모르나니 하늘의 천사들도, 아들도 모르고 오직 아버지만 아시느니라"(마 24:36). 예수 그리스도는 그 날과 그 시는 오직 하나님만이 아신다고 말씀하셨습니다. 우리들은 종말의 때를 알 수 없습니다. 이단들은 잘못된 성경 해석으로 종말의 시기를 정해서 사람들이 공포감과 불안감을 느끼도록 사회분위기를 조성하고 있습니다. 예수 그리스도는 성경말씀에 그 무엇을 더하지도 말고 제하지도 말라고 엄숙하게 명령하셨습니다(계 22:18~19). 이단은 예수님의 이 말씀을 명심해야 합니다.

• 이단은 "비유풀이를 알아야 구원에 이른다."고 주장합니다.

이단들의 공통적인 특징 중의 하나가 '비유풀이'입니다. 그들은 성경의 대부분이 비유와 상징으로 되어있다고 주장합니다. 비유풀이를 알아야 하나님의 뜻을 알 수 있고 구원에 이른다는 것이지요. 신천지를 비롯하여 JMS, 통일교, 하나님의교회(안상홍증인회)가 여기에 해당합니다.

예를 들어 신천지는 성경의 나무를 사람에 비유합니다. 에덴동산의 나무도 요한계시록의 나무도 다 사람으로 비유합니다. 그러나 성경에서는 나무를 사람으로 비유한 곳도 있지만 모든 나무를 다 사람으로 비유하지는 않았습니다. 그렇다면 신천지는 왜 나무를 사람으로 비유풀이를 했을까요? 이만희 교주를 따르게 하기 위한 교리를 합리화하기 위해서입니다. 신천지는 '나무'를 '사람'으로, '영생을 주는 생명나무'를 '이만희 교주'로 풀이합니다. 그래서 영생을 얻으려면 생명나무인 이만희 교주에게 와서 생명과를 따먹어야 한다고 가르칩니다. '생명과'는 '이만희 교주가 가르치는 교리'입니다. 결국 이만희 교주의 말씀을 받아먹어야 영생을 얻을 수 있다는 것이 신천지의 비유풀이입니다.

그렇다면 이단에서는 왜 비유풀이로 성경을 가르칠까요? 그 이유에 대하여 한국이단상담소협회장인 진용식 목사는 그의 저서『이만희 실상교리의 허구』에서 다음과 같이 설명하고 비판합니다.

첫째, 교주를 재림주로 만들기 위한 것입니다. 성경을 있는 그대로 해석하면 교주는 재림주가 될 수 없습니다. 재림주는 하늘로부터 와야 하고, 구름을 타고 와야 하며, 호령과 천사장의 나팔이 울려야 합니다. 그러나 인간 누구도 구름을 타고 하늘에서 재림할 수 없습니다. 그래서 가짜 재림주들은 비유를 활용합니다. 이들이 써먹는 비유풀이를 듣다보면 인간에 불과한 교주가 참 목자이자 보혜사이며 재림주라는 결론에 도달하게 됩니다.

둘째, 성경을 자신들의 교리에 짜 맞추기 위한 것입니다. 성경을 비유풀이로 해석하면 그 해석의 폭은 고무줄처럼 늘어납니다. 그래서 성경을 자기 궤변에 맞출 수 있습니다. 예수님은 이를 미리

예견하시고 이렇게 경고하셨습니다. "너희는 너희 아비 마귀에게서 났으니 너희 아비의 욕심대로 너희도 행하고자 하느니라. 그는 처음부터 살인한 자요 진리가 그 속에 없으므로 진리에 서지 못하고 거짓을 말할 때마다 제 것으로 말하나니 이는 그가 거짓말쟁이요 거짓의 아비가 되었음이라"(요 8:44).

셋째, 성경의 예언을 자신들의 삶에 맞추기 위한 것입니다. 신천지는 성경이 비유로 되어 있고 그 비유가 이루어지는 게 '실상'이라고 주장합니다. 계시록의 예언이 교주 이만희 자신과 자신이 세운 장막성전에서 이루어졌다는 것입니다. 그래서 이만희는 그의 책 『계시록의 실상』 서문에서 '이 책은 1장에서부터 22장까지 비유와 비사로 기록된 예언이 실상으로 응한 것을 육하원칙에 입각하여 증거한 것이며'라고 했습니다. 이만희의 계시록 해석을 보면 아무 근거도 없이 성경이 이만희 자신에게 맞춰져 있다고 주장합니다.

비판

성경을 해석하는 바른 원리는 '비유로 기록된 것은 비유로 해석하고, 예언은 예언으로 해석하며, 사건이나 역사는 실제의 사건으로 해석해야' 합니다. 예를 들어 예수님의 동정녀 탄생은 문자 그대로 동정녀에게서 탄생하신 것을 믿는 것입니다. 예수님이 죽으셨다가 3일 후에 부활하신 것도 그대로 믿어야 하는 것입니다. 사건이나 역사까지 비유로 푸는 것은 성경의 내용을 왜곡시킬 수 있습니다. 비유는 어떤 사물이나 현상을 그와 비슷한 다른 사물이나 현상에 빗대어 표현하는 것을 말합니다. 이러한 비유를 바르게 해석하려면 먼저 비유에서 말하는 교훈이 무엇인지 찾아야 하고 그 원리를 적용해야 합니다. 따라서 비유는 절대 단어 중심으로 해석하면 진의를 알 수 없습니다. 비유의 원래 목적은 단어 자체에 있지 않고 문맥의 내용에 있기 때문입니다. 하지만 신천지는 비유를 해석할 때 단어를 중심으로 해석합니다. 문장에 있는 단어 하나하나에 답을 주는 방식으로 비유를 해석하는 것이지요. 허황된 비유풀이의 대표적 사례가 '씨, 밭, 나무, 새' 해석입니다. 씨는 말씀, 나무는 사람, 새는 영이라고 해석합니다. 그러나 성경을 보면 문장과 내용에 따라서 씨에 대한 해석이 달라집니다. 그러므로 무조건 '씨는 말씀'이라고 단순 암기하는 신천지식 비유풀이는 무지의 극치입니다. 이것은 마치 공중화장실을 비유로 푼다며 '공중'에 떠서 '화장'하는 뜨개용 '실'이라고 암기하는 것과 같습니다(국민일보, 2019. 12. 26).

• 이단은 성역화한 지역이 있습니다.

신천지는 경상북도 **청도**와 함께 신천지 발원지인 경기도 **과천시** 그리고 이만희 교주가 계시를 받았다는 계룡산 **국사봉**을 3대 성지로 꼽습니다. 특히 경북 청도군 풍각면 현리리는 '빛의 성지'로 불립니다. 이유는 이만희의 고향이기 때문입니다. 많은 신천지 교인들이 자주 이곳에서 봉사활동을 합니다. 신천지의 발원지인 과천은 '되찾아야 할 땅', '회복해야 할 에덴동산'이라고 부릅니다. 신천지가 이곳을 '성지'라고 부르는 이유는 이만희가 과천 막계리에 첫 장막을 만들었기 때문입니다. 또한 계룡산이 성지인 이유는 이만희가 계룡산 국사봉에 올라가 40일 동안 말씀을 받았다고 주장하기 때문입니다. 이때 받은 말씀이 신천지 초기 핵심교리서인 『신탄』(神誕·신으로 태어남)이라고 합니다. 이만희는 계룡산 국사봉의 정기를 받고 육화(肉化)하였다고 주장합니다.

JMS의 성지는 교주 정명석의 고향인 충청남도 금산군 진산면 석막리인데, 그곳의 지명이 '월명동'입니다. 이곳에 초등학교, 중학교, 고등학교가 있습니다. 초등학교는 학생 수가 80여 명, 중학교는 40여 명이라고 합니다. 월명동과 진산면 주변에는 JMS 젊은 가정들이 이주해 들어와 거주하며 학원을 운영하거나 장사를 하고 있습니다. 이들 대부분이 학교 학부모들이고 운영위원들입니다. 그들은 농번기 때는 지역 주민들의 일손을 도와주며 살갑게 마을 사람들을 대합니다. 학교에 행사가 있으면 초청해 대접도 해줍니다. 이러니 아무리 이단으로 규정되어 있는 집단이라 해도 지역민들 입장에서는 나쁘지 않습니다. 현실적으로 도움이 되기 때문입니다. 그들이 있기에 학교가 유지됩니다. 노인만 있던 시골에 젊은이들이 들어왔으니 그들을 싫어할 이유가 없다는 것입니다(종교와 진리, 2018. 01. 23).

하나님의교회 해외 신도들은 한국을 성지로 여깁니다. 한국에

'어머니 하나님'이 계시기 때문입니다. 전 세계 150개국 1,800여 곳의 해외교회에서 해마다 1,500여 명의 성도들이 한국을 방문합니다. 어머니 하나님을 만나고 성지 순례를 하기 위해서입니다. 하나님의교회 해외 성도들 대부분은 처음에는 한국이 어디에 있는 나라인지도 몰랐다고 합니다. 그러나 하나님의교회를 접하고, 어머니 하나님께서 한국에 계시다는 사실을 알고부터는 한국에 관심을 갖게 됐다고 합니다.

3. 상상을 초월하는 포교방법

◇◇◇◇◇◇◇◇◇

인터넷, 온라인 시스템을 활용한 포교

코로나19는 인류에게 문명사적 대전환을 가져왔습니다. 종교계에도 급격한 변화를 가져왔습니다. 비대면 교육, 비대면 예배, 재택근무 등 모든 일상에서의 비대면 상황은 일상생활로 자리 잡아가고 있습니다. 이러한 추세에 부응하여 각종 이단에서는 발 빠르게 온라인을 통한 포교방법을 확산시키고 있습니다. 사이버 공간을 통한 이단들의 온라인 포교가 본격적으로 개막된 것입니다. 사이버 공간의 특성상 시간과 공간을 초월한 포교가 진행되고 있으며 이는 불특정 다수를 대상으로 합니다.

최신 인터넷 환경은 이단들에게는 그들의 교리를 전파하고, 교육시키고, 미혹하는 강력한 도구가 되고 있습니다. 이단들은 홈페이지와 유튜브 제작에 과감하게 투자하고 있습니다. 특히 유튜브는 이단의 교리를 전파하고 홍보하며 정통교회를 비판하는 일등 공신 역할을 하고 있습니다. 유튜브는 이 시대의 가장 인기 있고 영향력 있는 애플리케이션이 되었습니다. **이단들의 홈페이지와 유튜브는 놀라울 정도로 발전하고 있습니다. 그러나 자신의 정체를 감**

추고 일반 기독교로 포장하기에 기독교인, 비기독교인 모두가 빠질 수 있습니다. 그러므로 지금은 온라인 환경에서 이단들의 활동을 분별할 수 있는 지혜와 지식이 더 필요한 시기입니다. 특히 이단들은 온라인에 익숙한 청년들을 상대로 포교에 박차를 가하고 있습니다. 청년들에게는 그 어느 때보다도 이단의 인터넷, 유튜브, 페이스북, 트위터, 인스타그램 등 온라인을 통한 미혹에 주의를 기울이는 민감성이 필요합니다.

신천지

2020년 대구에서의 코로나19 사태로 표면적으로는 활동이 위축되어 보이나 실제로는 사이버 공간 속으로 활동무대를 옮겼다고 볼 수 있습니다.

- **인터넷시온선교센터** : 신천지의 성경공부 및 인터넷 전도용 온라인 강의 플랫폼입니다. 신천지의 다양한 교육과정 소개와 오프라인 시온기독교선교센터와의 연계학습을 통해 신천지를 홍보합니다. 원래는 신천지 신도들의 성경공부 학습을 위한 플랫폼이었으나 2018년부터는 인터넷 전도용으로도 사용하고 있습니다. 최근들어 페이스북, 네이버 블로그 등에 자주 홍보되고 있어 주의를 요합니다.

- **홍보책자 발간** : 온라인 포교 확대와 이미지 변신을 위하여 시리즈로 홍보책자를 발간하고 있습니다. "안녕하세요 신천지입니다"라는 인사말로 시작되는 홍보 책자는 PDF 형태로

신천지 홈페이지를 통해 소개되고 있으며 페이스북을 통하여도 지속적으로 홍보되고 있습니다.

- **유튜브** : 공식 채널은 '신천지예수교증거장막성전'이며 지파별로 채널을 개설하여 활동하고 지파명과 동일한 채널명을 사용합니다. 신천지에 대한 다양한 홍보, 대구 코로나19에 대한 입장(변명), 비유풀이 등 교리 설명, CBS 등 신천지 보도 방송 비판, 수료행사 홍보 등을 내보내고 있습니다.

- **온라인 '요한계시록'** : 줌(zoom)을 이용한 해외선교 포교용 온라인 화상 프로그램입니다. 교육 과정은 7개월 정도 걸리며 신천지 센터에 등록시키려는 교육 강좌입니다. 온라인 강의를 통해 국내뿐만 아니라 해외 신도들에게까지 포교를 확대하고 있음을 알 수 있습니다.

- **하늘문화방송** : 하늘문화방송은 하늘문화, 시사교양, 다큐플러스, 드라마 파트로 구성되어 있습니다. 하늘문화방송 시사교양을 클릭하면 '내 영혼을 살릴 수 있는 하나님의 말씀'을 영상으로 볼 수 있다고 홍보합니다.

- **팟 캐스트 '하늘팟'** : 방송 좌담회를 통해 신천지 옹호, 기성교회 비판, 신천지 교리 설명, 궁금한 점 물어보기 등을 함으로써 청년들의 문화를 고려한 팟 캐스트입니다.

- **기타** : 페이스북, 트위터, 인스타그램을 통하여 신천지 홍보영상을 소개하고 있으며 중국 최대의 SNS인 위챗을 통하여 '우한을 위한 기도'라는 단체방을 만들어 신천지 교리를 전파

하는 등 중국 온라인 포교에도 적극적입니다.

하나님의교회(안상홍증인회)

- **홈페이지** : 김주철 총회장의 설교, 국제행사, 교리소개, 문화 소통, WATV온라인 예배, 세계선교, 문화행사, 자원봉사 활동 등에 대하여 상세하게 설명하고 있습니다. 이단 중에서 홈페이지 관리가 가장 잘 되고 있습니다.
- **유튜브** : 가장 다양한 컨텐츠를 갖고 있습니다. 김주철 총 회장의 설교를 각 나라의 다양한 언어로 시청할 수 있는 'Church of God Pastor Kim Joo-cheol Sermon'이라는 채널 이 있습니다. 해외신도들을 위한 번역시스템이 체계적으로 갖춰져 있으며 50개 언어의 자막과 음성으로 설교를 들을 수 있습니다.
- 이외에 '큐앤톡 Q&TALK' 채널과 '레코딩 RECORDING' 채 널이 있는데 모두 자신들의 교리와 설교, 홍보책자를 소개하 는 유튜브입니다. 또한 '아는 언니AneunUnnie' 채널은 하나 님의 교회 관련하여 궁금증을 성경퀴즈로 푸는 유튜브 채널 입니다.

JMS

- **홈페이지** : 정명석의 설교, 글, 교리, 정명석 소개, 교회 및 월명동 소개, CGM의 비전과 가치 등으로 구성되어 있습니

다. 핵심내용은 주로 말씀과 설교 위주로 구성되어 있습니다. 정명석을 미화하고 찬양하는 내용이 많습니다.

- **유튜브** : 공식 채널은 '팜티비 PalmTV'입니다. 정명석의 육성만 있고 얼굴은 나오지 않습니다. 영어와 일본어로 된 영상도 있습니다. 'PROVICE'라는 분류 항목에는 '쇼케이스'라는 제목으로 JMS 교리를 설명하면서 청년들이 찬양과 댄스 등을 선보이는 영상을 볼 수 있습니다. 또한 '천국을 말하다', '지옥을 말하다'라는 영상을 통해 천국과 지옥을 구체적으로 묘사하고 있습니다.

- **Heaven Cometrue 홈페이지** : 여기에는 "소소한 신앙이야기", "은혜를 나누고자" 한다는 글로써 신앙 간증과 나눔의 글, 그림으로 홈페이지를 소개합니다. 이곳에서도 천국과 지옥에 관한 실제 경험을 그림으로 소개하고 있습니다. 천국과 지옥에 관심 있는 기독 청년들이 본 영상을 보면 미혹될 수 있으므로 사전 주의가 요구됩니다.

구원파

- **기쁜소식선교회 홈페이지** : 24시간 GoodNews TV방송, 설교 영상, 성경세미나, 국내외 선교현황, 신앙캠프 등 다양한 활동을 소개하고 있습니다. 본 세미나는 페이스북, 유튜브 등 온라인 채널과 함께 세계 각국의 언어로 각국의 209개 방송 채널을 통하여 8억여 명을 대상으로 중계되었습니다.

- **유튜브** : 기쁜소식선교회는 'GoodNewsTV' 채널을 통해 박옥수의 설교와 '국제청소년연합'의 활동을 정기적으로 소개하고 있습니다. 또한 박옥수 성경세미나 내용을 유튜브 채널을 통해 생중계했습니다. 이요한의 '생명의말씀선교회'는 유튜브 채널로 '생명의말씀선교회'와 '생명의말씀선교회 생방송' 두 채널을 이용하여 설교내용을 전하고 있습니다.

통일교

- **홈페이지** : 하늘부모님은 대한민국에 문선명 선생을 독생자로, 한학자 여사를 독생녀로 보내셨다고 하며, 이 두 명이 인류구원과 평화세계를 실현할 수 있는 구세주·메시아·재림주·참부모라고 소개합니다. 효정미디어를 통하여 설교영상, 문화, 교양강좌, 가정연합에 대한 종합적인 홍보를 하며, 특히 요즘은 한학자에 대한 홍보가 강화되고 있습니다.

- **유튜브** : 공식 채널로 'FFWPU PeaceTV'가 있으며 'HJ글로벌 뉴스'란 제목으로 일주일마다 한학자의 지시사항과 통일교의 소식을 전하고 있습니다. 6~8개 언어(영어, 중국어, 러시아어, 프랑스어, 스페인어, 포르투갈어 등)로 번역영상을 함께 보냅니다. 또한 '효정문화원'이란 채널을 통하여 뮤지컬과 노래를 내보내 청소년들을 관리하고 있습니다.

여호와의 증인

- **유튜브** : 공식 채널로 '여호와의 증인 Jehovah's Witnesses'를 운영하며 해마다 여호와의 증인 대회를 각 지역별로 개최하며 국내외에서 진행된 대회 영상을 올리고 있습니다.

전능신교

- **홈페이지** : "말세 그리스도, 중국에 나섰다."고 홍보, 설교영상, 교리책자 소개, 관련 영화 홍보, 체험간증, 찬양, 천국복음, 정부의 탄압실태, 말씀 낭송, 복음 문답 등 전능신교에 대한 대대적인 홍보 사이트입니다.

- **'하나님의 ○○'** : 표면적으로는 기독교 사이트 같지만 출처를 알 수 없는 사이트가 많습니다. 이 중의 상당수가 전능신교와 유관한 것으로 의심됩니다. 이 홈페이지에 있는 수많은 영상들은 전능신교 유튜브의 영상과 상당수가 동일합니다.

- **유튜브** : '하나님의 음성을 찾아서', '생명의 ○'이라는 채널이 있습니다. 이들 채널은 대부분 중국에서 촬영된 영상을 번역하여 더빙해서 올린 것이며, 중국 공산당의 기독교 탄압을 비판하는 내용인데, 사실은 전능신교를 압박하는 중국에 대해 비판하는 것입니다.

거짓 위장 포교

이단의 포교 시스템은 나날이 진화하고 있습니다. 일반 종교인들은 상상도 할 수 없는 포교활동을 하고 있습니다. 대표적인 것이 자신의 정체를 드러내지 않고 전도대상자를 속이는 위장 포교입니다. 거짓 포교는 종교인이라면 해서는 안 되는 명백한 사기행위입니다. 신천지 추수꾼의 정통교회 잠입이 위장 포교의 대표적인 사례입니다. 이단은 왜 자신의 정체를 숨기고 포교할까요? 자신의 정체를 드러내고 포교하면 대부분의 사람들은 피하기 때문입니다. 이단은 교세 확장을 위해서 수단과 방법을 가리지 않고 포교합니다. 여기에 넘어가는 청년들은 가출과 학업중단, 직장퇴사 등으로 돌이킬 수 없는 인생의 중요한 시기를 허비합니다. 이단의 위장 포교에 넘어가 미래를 준비해야 할 인생의 가장 아까운 골든타임을 허비하게 됩니다.

이단의 대표적인 위장 포교 방법에는 성경공부, 설문조사, 심리테스트, 서명운동, 여론조사, 인터뷰 등이 있습니다. 이러한 방법으로 접근할 때 이단은 방송국, 대학교, 선교단체, 리더십 센터, 심리상담학회 등 사회적으로 지명도 있는 단체나 기관을 사칭하여 접근합니다. 의심을 피하기 위한 것입니다. 사회경험이 부족한 청년들은 의심 없이 넘어갑니다. 한 예로 심리테스트 위장 포교의 경우 '한국상담심리학회'란 단체의 이름으로 접근합니다. 이단이 노리는 것은 심리를 테스트해주는 것이 목적이 아니라 테스트 양식 하단부에 기재되는 인적사항에 관한 정보를 취득하는 것입니다. 심리테스트 결과를 보내준다는 명분으로 전화번호와 개인 이메일을 자연스럽게 적게 합니다. 연락처를 입수한 이단은 이때부터 포교를 위한 본격적인 접촉을 시도합니다.

거짓 위장 포교는 '불법'입니다. 그러나 이단의 거짓 위장 포교를 알지 못하는 대부분의 선량한 사람들은 돕고자 하는 마음으로 설문조사와 서명운동에 응합니다. 개인정보보호법에 의하면 취득된 정보는 당사자 개인의 동의하에 제시된 목적을 위해서만 사용되어야 합니다. **이단에서 자신의 포교 목적을 전혀 알려주지 않고 개인 정보를 취득했다면 이는 개인정보법 위반에 해당합니다.** 개인정보보호법 제59조 제1호에는 '거짓이나 그 밖의 부정한 수단이나 방법으로 개인 정보를 취득하거나 개인정보처리에 관한 동의를 받는 행위를 금지'하고 있습니다. 이를 위반할 경우에는 제72조 제2호에서 '3년 이하의 징역 또는 3,000만 원 이하의 벌금'에 처한다는 규정을 두고 있습니다.

2020년 8월, 한국대학생선교회(CCC)는 신천지가 CCC를 와해시키려는 목적으로 위장한 신도를 각 대학 CCC에 잠입시킨 사실을 밝혀냈습니다. CCC에서는 각 대학 CCC에 위장 잠입한 신천지 소속 청년이 총 45명이라고 발표했습니다. 일부는 초기에 발견하여 퇴출시켰고, 대부분은 지난 2월 신천지를 통한 코로나19 확산사태 이후로 자취를 감춘 것으로 확인됐습니다.[35]

또한 이단 신도들이 목사 안수를 받고 기성 교단에 가입하는 경우가 늘고 있습니다. 대부분 비인가 군소교단 신학교에서 안수를 받는 경우로써 소위 '교단 세탁'을 통해 기성 교단에 위장 가입하는 것입니다. 교단에서는 목회자들의 교단 가입 시 더욱 신중하고 철저한 검증 시스템을 갖춰야 합니다.

이단의 위장 포교와 더불어 위장 활동도 예의주시해야 합니다. 요즘은 청년들이 카페에서 노트북으로 장시간 공부하거나 개인 활동을 하는 것이 일반화되어 있습니다. 이러한 분위기에 편승하여 이단들도 자신의 정체를 숨기고 카페 안에서 활동하는 사례가 증가하고 있습니다. 청년들은 카페에서 친절하게 접근하는 이단의 포교 활동에 주의해야 하겠습니다.

또 한편으로는 자신들의 신분을 밝히고 접근하는 사례가 코로나19 사태 이후 점차 증가하고 있습니다. 사람들 왕래가 많은 지하철역에서 교주의 사진이 실린 전단지를 돌리거나 처음부터 자신을 'ㅇㅇ 단체' 신도임을 밝히고 접근하기도 합니다. 이는 상황에 따라 위장 포교와 오픈 포교를 적절히 구사하는 전략으로 포교방법이 다양화되었음을 뜻합니다. 이들이 자신의 신분을 밝히고 접근할 때는 '강하고 단호하게' 거부 의사를 밝혀야 합니다.

---

35 임보혁, "CCC, 신천지의 CCC 위장잠입 강력 규탄"(국민일보, 2020.9.1).

고3 및 대학가 캠퍼스 포교

"날로 치밀해지는 이단 포교 ····· 예비 대학생 집중 공략"
"고3, 대학 새내기가 주된 표적"
"선배, 동아리, 문화 공연 등 사칭, '짜인 극본'대로"
"교회 밖 성경공부, 절대 응하지 말아야"

수능 이후 고3 수험생들과 예비 대학생 새내기들! 이들은 이단의 주된 표적입니다. 이들은 해방감에 젖어 들뜬 마음으로 연말연시를 맞습니다. 사회 경험은 없지만 시간은 많습니다. 이단은 시간여유가 있고 새로운 만남을 준비하는 이들의 심리를 적극 이용합니다. 어느 이단 탈퇴자는 말합니다. "고3 수험생들, 대학 새내기들 정말 전도 많이 했어요." 그가 속한 이단에서는 수능이 끝났을 때 고3 학생들 등교시간에 맞춰 하루에 한 2~3개 고등학교를 찾아갔다고 합니다. 그리고 강당에서 함께 뛰어 놀고, 얘기하고... 이렇게 몇 달이 지나 친밀한 관계가 되면 성경공부를 시작했다고 합니다. 이때는 이미 수많은 고3 학생들의 핸드폰 번호가 이단에 수집된 상태입니다. 이처럼 수능을 마친 고3 학생들은 이단의 교묘한 포교활동에 그대로 노출되지만, 이들이 이단이라는 것을 알아차리기란 쉽지 않습니다.

대학 신입생들 역시 이단의 핵심표적입니다. 위장교회, 문화행사, 대학가의 위장동아리 모임 등 이단은 자신의 정체를 철저히 숨기고 기독교의 이름으로 접근합니다. 매년 새 학기 대학가에서는 이단들의 위장 포교가 기승을 부립니다. 대학가 이단의 위장 포교는 다음과 같이 학생들의 필요를 채워주는 모습으로 접근하기에 더욱 주의해야 합니다. 첫째, 대학생들의 '결핍'과 '필요성'을 겨냥하여 충족시켜 줄 것처럼 접근합니다. 둘째, 저렴한 비용으로 다양한 스펙을 쌓을 수 있는 기회를 제공하는 것처럼 위장하며 접근합니다. 셋째, 원어민 강사가 무료로 영어를 가르쳐 주는 것처럼 위장하며 접근합니다. 넷째, 무료로 심리검사나 심리상담을 제공하는 것처럼 위장하며 접근합니다. 다섯째, 저렴한 비용으로 새로운 취미를 배울 수 있는 기회를 제공하는 것처럼 위장하며 접근합니다.[36] 이는 모두 대학생들의 불안한 심리상태를 겨냥하는 것이며, 취업을 준비하는 절박함을 이용하는 수법입니다.

대학 신입생들이 입학해서 가장 먼저 경계해야 할 점은 이단의 접근입니다. 이 점은 대학 입학 전에 유념할 수 있도록 고3 학생들에게 필히 알려주어야 합니다. 반드시 이단 예방교육을 시키고 청년부로 올려 보내야 합니다.

이단의 대학 신입생 포교방법

대학 신입생은 캠퍼스의 꽃입니다. 이단은 새 학기가 시작되면

신입생 포교를 위해 다양한 포교전략을 세워 접근합니다. 공통점이 있다면 끝판에는 결국은 "성경공부하자"고 권유하는 것입니다. 새내기를 노리는 이단들, 이단의 대학 신입생 포교방법을 다음과 같이 정리해 봅니다.[37]

- **설문조사를 통한 포교 : 이 방법으로 청년들이 이단에 가장 많이 빠집니다.** 수시합격자 발표이후 고3 학생들의 하교시간이 빨라지면 이단은 고등학교 인근에서 설문조사를 실시합니다. 주제는 대학생활, 진로탐색, 연애, 자기계발 등 대학생이라면 관심을 가질 만한 주제들입니다. 자신들을 고교 선배로 가장하거나 리더십센터 직원으로 위장하여 학생들을 안심시킵니다. 이 설문서에 학생들이 연락처를 기재하면 포교의 집중대상이 됩니다. 이 방법은 대학캠퍼스에서도 빈번하게 이루어지는데 주로 3월~5월 사이에 대학 1학년생을 상대로 집중적으로 이루어집니다. 절대 설문에 응하지 말고 응하더라도 연락처를 기재하지 말아야 합니다.

- **신촌이나 홍대입구에서의 길거리 포교 :** 젊은이들이 많이 몰리는 신촌과 홍대입구는 이단들의 포교가 활발하게 이루어지는 장소입니다. 이곳에서 이단들은 작가 또는 방송사 직원

37　조민기, "대학 신입생 미혹 포교 한눈에 보기", 「현대종교」 (2019. 1월), 38-41.

을 가장하여 인터뷰를 요청하는 경우가 많습니다. 수능 이후부터 다음해 5월까지 대학 새내기들이 대상입니다. "대학에서 꼭 하고 싶은 것은?", "입학 전까지 어떻게 보낼 것인지?" 등 편한 주제에 대하여 인터뷰를 진행합니다. 그 후 연락처 등 개인정보를 알아냅니다. 이어서 대학생활에 관하여 멘토링, 심리상담을 해준다고 하며 2차 접근을 유도합니다.

- **이단에 이미 포교된 과 또는 동아리 선배를 통해 접근** : 새내기들은 신입생 멘토링 프로그램을 조심해야 합니다. 대학생활 꿀팁, 특강이라는 명목으로 접근하기도 합니다. 이단에 이미 포교된 선배들은 신입생환영회나 동아리모임에서 친절하게 다가옵니다. 그리고 수강신청 방법, 학교정보, 교내시설 등 새내기가 잘 모르는 것을 친절하게 알려주며 친분을 쌓아갑니다. 이를 계기로 수개월이 흘러 친해지면 성경공부로 인도합니다. 외부에서 성경공부하자는 친절한 선배, 동급생들은 이단일 가능성이 높습니다. 일단 이단으로 의심하고 조심해야 합니다.

- **이단의 위장 동아리 유의** : 이단의 포스터는 분별이 어렵습니다. 주로 멘토링, 자기계발, 어학, 국내 및 국제 봉사활동 등으로 포장합니다. 대표적인 이단 동아리로 IYF(기쁜소식선교회), CBA(성락교회), 월드카프(통일교), DMC(다락방), ASEZ

(하나님의교회), UNPO(신천지) 그밖에 영어회화, 춤, 축구 등 청년들이 좋아하는 취미 동아리를 통하여 접근합니다.

- **JMS는 여학생들을 집중 공략합니다.** : JMS는 캠퍼스에서 유독 키가 크고 매력 있는 여학생들을 집중 포교합니다. 모델, 항공사 승무원 등과 관련된 동아리 가입을 권하며 접근합니다. 멘토링 프로그램을 권하며 접근하기도 합니다. 항상 먼저 연락하여 점심이나 차를 마시자는 가벼운 만남을 시작으로 신뢰감을 쌓아갑니다. 어느 정도 신뢰가 쌓이면 인문학을 공부하자고 권하며 성경공부로 인도합니다.

군인 대상 SNS 포교

이단들의 스마트한 군인 포교와 관리[38]

종전의 군대는 면회, 편지로만 소통이 가능했기 때문에 군 장병들과 종교단체의 접촉은 제한적이었습니다. 그러나 2019년 4월 1일부터는 모든 군인들이 일과 후 휴대폰을 사용할 수 있게 되었습니다. 평일은 오후 6시부터 10시까지, 휴무일에는 오전 7시부터 오후 10시까지 사용이 가능합니다. 군인들의 휴대폰 사용으로 이단은 군 입대 청년에 대한 관리가 용이하게 되었습니다.

고된 훈련과 제한된 공간에서 1년 6개월 정도 복무하는 군인들은 사회와의 소통이 간절합니다. 이들에게 이단은 포교를 목적으로 관리에 들어갑니다. 군인들의 휴대폰 사용이 가능해지면서 이단의 포교와 관리방법 역시 변하고 있습니다. 군 장병을 상대로 한 이단의 포교활동은 사이버 공간에서 시공간을 초월하여 이루어지고 있습니다.

신천지는 신천지 청년이 입대하면 입대 한 달 전부터 교육을 실시합니다. 군 입대 후 신천지와 멀어지는 것을 방지하기 위한 것입니다. 군인들만 따로 관리하는 부서에서 한 사람이 20명 정도 관리합니다. 청년이 군 복무를 하는 동안에 1~2회 정도 면회를 가서 선물도 줍니다. 군 입대 초기에는 20명 정도의 신천지 청년들이 인터

---

38 김정수, "이단들의 스마트한 군인 포교와 관리", 「현대종교」 (2019. 10월), 12-16.

넷이나 손 편지로 수시로 편지를 보냅니다. 차차 시간이 흐르면 5명 정도가 지속적으로 연락을 하며 입대 청년들을 관리합니다.

JMS 탈퇴자 C씨는 군 입대 후 JMS 담당자로부터 관리를 받았다고 합니다. 과거에는 JMS의 군 관리자가 매주 정명석 설교를 A4용지에 출력해서 편지로 보내줬다고 합니다. 요즘은 휴대폰으로 안부를 묻고 말씀을 전해주며 통화 위주로 관리합니다. 휴대폰 사용으로 인해 이단의 군인 관리에 많은 변화가 있습니다. 휴대폰으로 통화, 문자, SNS, 설교, 어플 등을 이용해 소통하고 관리합니다.

군인 청년들을 대상으로 한 이단의 포교 및 신도관리는 빠르게 진화하고 있습니다. 휴대폰의 영내 사용은 군 생활의 편리함과 더불어 이단의 접근성을 더욱 용이하게 만들었습니다.

봉사활동을 가장한 문화적 포교

이단들의 공통점 중의 하나가 사회봉사를 통한 포교활동입니다. 이단들의 사회봉사활동은 활발한 편입니다. 사회봉사를 매개로 지역사회에서 활발하게 포교활동을 전개합니다. 이들의 사회봉사는 포교를 위한 수단이므로 순수하다고 할 수는 없습니다. 하지만 일반인들 입장에서는 자신들에게 실질적인 도움을 주는 봉사단체에 관심이 있을 뿐, 이단이냐 정통이냐는 관심이 없습니다. 봉사활동을 잘 하는 이단에 대한 사회의 시선은 어떠할까요? 이단은 사회봉사를 통한 이미지 변신으로 지역사회에 뿌리를 내리고 있습니다.

신천지

코로나19에 감염됐다 완치된 신천지 신도들 4,000여 명이 혈장을 집단으로 공여키로 한다는 보도가 있었습니다. 질병관리본부는 신천지 신도들이 집단 혈장 공여에 나설 경우 코로나19 치료제 개발에 속도가 붙을 것으로 예상하고 있습니다. 대구경북을 중심으로 활동하는 신천지 "늘푸른 봉사단"은 현리경로당에서 미용 봉사를 합니다. 오전 10시부터 경로당에 머물며 주민 26명의 머리를 손질해줍니다. 이들은 약 두 달에 한 번씩 청도군의 경로당, 마을회관 등을 방문해 일손을 돕거나 미화활동을 합니다. 이외에 추석맞이 환경정화 자원봉사, 방역봉사활동, 헌혈, 전통시장 살리기, 연탄 나눔, 벽화 그리기, 농촌 일손 돕기, 환경정화 등 다양한 명목으로 봉사활동을 실시합니다(매일경제신문, 2020.6.23).

하나님의교회

하나님의교회는 사회봉사를 가장 많이 하는 이단으로 알려져 있습니다. 코로나19 사태가 나자 예방 필수품인 마스크를 세계 각국에 지원하고 있습니다. 국내에서도 두 차례에 걸쳐 총 3만 장의 보건용 마스크(KF94)를 지원한 바 있습니다. 또한 2020년 6월에는 몽골 보건부에 울란바토르 하나님의교회 신자들을 통해 면 마스크 5,000장과 일회용 마스크 5,000장을 합쳐 총 1만 장을 전달했습니다. 2020년 "추석맞이 이웃사랑 나누기" 행사에서는 전국 약 200개 관공서를 통해 1억 5천만 원 상당의 식료품 선물세트를 전달했습니다. 하나님의교회가 봉사활동에 집중하는 이유는 시한부종말론, 가출, 이혼 등으로 문제가 된 부정적인 이미지를 개선하고자 하는 것으로 보입니다. 그래서 지방자치단체로부터 포상 받은 내용들을 언론을 통하여 수시로 홍보하는 것입니다(문화일보, 2020.7.1).

기쁜소식선교회

주로 해외 봉사에 집중하며 각 대학 청년들이 해외 봉사에 나갈 수 있게 합니다. 그리고 굿뉴스코 해외봉사·월드문화캠프, 영어말하기 대회 등의 IYF 프로그램이 있습니다. 이 중 대표적인 활동은 굿뉴스코 해외봉사인데 대학생들이 1년 동안 해외에 나가서 봉사하는 프로그램입니다. 지금까지 1만여 명 가까운 대학생들이 주로 어려운 나라에 가서 봉사하고 돌아왔습니다. 이 외에도 매년 열흘간 세계 수십 개 나라에서 수천 명의 젊은이가 참석하는 월드문화캠프, 영어말하기 대회, 의료봉사, 마인드 교육 등 청소년들을 위한 다양한 활동을 펼치고 있습니다.

JMS

봉사단체로 "하늘벽화봉사단"을 운영하고 있습니다. 이 단체는 지역사회에서 벽화를 그려주는 봉사를 하는 단체입니다. 또한 JMS 에서 발간한 잡지 "알아라 산"에서는 봉사활동을 통한 수상내역을 홍보하고 JMS 단체의 활동을 치하하며 긍정적인 이미지를 부각시키고 있습니다. 그 외에 가정평화실천본부, 하나사랑회, 실천사랑 자원봉사단, 평화의료봉사단, 밝은미소운동본부 등의 단체명으로 봉사활동을 전개하고 있습니다.

해외포교

국내 이단의 해외진출과 교세가 빠르게 확장되고 있습니다. 국내 교세확장에 한계를 느끼는 이단들은 비신자 전도와 해외포교에 박차를 가하고 있습니다. 한국 이단의 해외 진출로 인하여 해외에서 이단 피해자들이 양산되고 있으며 현지 선교 사역에도 큰 걸림돌로 작용하고 있습니다. 정통교회가 이 문제에 제대로 대처하지 않고는 한국교회의 해외선교는 큰 어려움에 처할 것이라는 진단도 내려지고 있습니다.

신천지

신천지가 발표한 해외 신도 수는 약 3만 1,800명, 전체의 13% 정도입니다. 중동과 중앙아시아를 제외하고 중국과 미국, 몽골, 남아공, 필리핀 등 29개국에 산재해 있는 것으로 알려졌습니다. 이중 가장 많은 곳은 중국입니다. 중국 신천지는 대련, 상해, 북경, 장충 등 19개 도시에 분포해 있습니다. 전체 해외 신도의 3분 2를 차지하는 1만 8,440명이 중국에 있습니다. 코로나19 진원지 우한에도 250여 명의 신도가 있는 것으로 보고됐습니다. 2010년대부터 해외활동을 시작했는데, 약 40여 개국에 진출해 있고 각 국가별로 지파를 나누어 관리합니다. 가장 많은 해외 신도가 있는 중국과 미국에서는 한국과 마찬가지로 복음방과 성경공부 시스템으로 포교하고 있습니다(한국성결신문, 2020.10.27).

하나님의교회

하나님의교회는 세계 175개국에 300만 명의 신도가 활동 중인 것으로 알려지고 있습니다(한국성결신문, 2020.10.27). 이들은 사회봉사단체로 위장해 해외포교에 나서는 게 특징이며 가장 활동이 왕성한 나라가 미국입니다. 하나님의교회는 1997년 해외포교를 본격적으로 시작했고, 2001년을 시작으로 해외 신도들이 한국을 방문하기 시작했습니다. 해외 신도들은 유월절, 무교절, 부활절, 초막절 등 하나님의교회에서 지키는 절기에 맞춰 방문하거나, 여러 행사가 열리는 시기에 한국을 방문합니다. 해외 신도들의 한국 방문은 성지순례라는 특별한 의미를 가집니다. 자신들이 믿는 하나님과 하늘 어머니가 태어난 한국을 방문하여 신앙을 더 굳게 한다는 의미를 가집니다. 그리고 하나님의교회가 더 이상 한국에 국한된 종교가 아닌 세계적인 종교임을 대내외에 과시합니다. 전 세계에 거점을 두고 포교하는 하나님의교회는 정통교회 입장에서는 세계 선교에 큰 방해가 되는 이단입니다.

JMS

JMS의 해외선교는 철저하게 현지인 중심의 선교방식을 택하고 있습니다. JMS는 한국본부에서 후원금을 지원하지 않습니다, 유학을 가거나 이민을 가면 그 사람이 바로 선교사가 되는 체제입니다. JMS 유학생들은 부모들이 보내주는 학비로 공부는 소홀히 하면서 선교에 매진합니다. 본부의 지원 없이 해외선교가 이뤄지고 있는 곳이 JMS입니다. 이런 방식으로 현지인이 몇 명 세워지면 현지 사역자는 전부 현지인들로 교체됩니다. JMS 선교는 신도들의 자발적인 성격이 강합니다. 자발적인 선교가 JMS 성장의 밑거름이 되고 있습니다. 정명석의 30개론에 미혹된 청년들은 땅 끝까지 가서 전도해야 한다는 사명감에 충만해 있습니다.

통일교

통일교는 1950년대부터 일본, 미국을 시작으로 해외에서 교세를 키워나갔습니다. 막대한 자본력을 바탕으로 급성장한 통일교는 국내 신도 20만 명, 일본 신도 50만 명 등 전 세계에 총 300만 명의 신도가 있는 것으로 알려집니다. 수교되지 않은 나라는 밀입국해서 진출하였고, 옛 공산권 국가와 심지어 북한에도 포교를 했던 것으로 전해집니다.

기쁜소식선교회

1989년 독일에 선교사를 파송하면서 해외선교 30주년을 맞이했습니다. 30년 전 첫 해외선교사를 파송한 후 현재까지 100여 개의 나라에 1,200개 교회를 세웠다고 전해집니다. CLF(세계기독교지도자모임)은 2017년 '뉴욕 CLF 월드 컨퍼런스'와 홍콩에서 가진 아시아 CLF를 비롯해 70여 개국에서 2만 4천여 명의 목회자들의 모임이 개최되었습니다. 또한 청소년들을 차세대 지도자로 양성하는 마인드 교육을 해외에서도 실시하고 있습니다.

이단에 빠지지 않으려면?

먼저 이단의 정식 명칭을 알아야 합니다.

이단 명칭만 제대로 알아도 이단에 빠지는 것을 방지할 수 있습니다. 제대로 된 이단의 명칭을 몰라서, 자신이 빠진 곳이 이단인지 알지 못하고 당하는 경우가 허다하기 때문입니다. 특히 곧 대학생이 되는 고등학생들의 경우, 이단 단체의 이름을 잘 파악하지 못하는 것으로 조사되었습니다. 코로나사태 이전에 조사한 바로는 한국 이단의 양대 산맥으로 불리우는 신천지가 이단이라는 것을 아는 학생들은 불과 47.9%, 하나님의교회가 이단이라는 것을 아는 학생들 역시 33.5%에 불과했다고 합니다.[39] 한국교회에 큰 피해를 주는 대표적인 두 이단 단체를 두세 명 중에 한 명만 알고 있는 것입니다. 이단에 빠지지 않기 위해서는 먼저 이단의 공식명칭을 알아야 하겠습니다.

이단 단체의 정식 명칭

신천지 – 신천지예수교증거장막성전

JMS – 기독교복음선교회

하나님의교회(안상홍증인회) – 하나님의교회 세계복음선교협회

통일교 – 구. 세계평화통일가정연합, 하늘부모님 교단으로 변경

---

39 정윤석, "이단·사이비·문제 단체 결의 연대별 목록", 기독교포털뉴스(2019. 1. 17).

구원파 – 대한예수교침례회, 기독교복음침례회, 기쁜소식선교회

전능신교 – 전능하신 하나님의 교회

다락방 – 세계복음화전도협회

천부교 – 한국천부교전도관부흥협회

안식교 – 제칠일안식일 예수재림교회

몰몬교 – 예수그리스도후기성도교회

그 외의 이단

만민중앙교회(이재록)

예수중심교회(이초석)

성락교회(김기동)

평강제일교회(박윤식)

은혜로교회(신옥주)

사랑하는교회(변승우)

할렐루야기도원(김계화)

한농복구회(박명호) 등이 있습니다.

대학에서 활동하는 이단

- **국제청소년연합**(IYF, 박옥수 구원파) : EBS, 영어말하기대회, 글로벌캠프, 굿뉴스코, 성경세미나 등을 통해 활동

- **하나님의교회** : 설문조사, 방문전도, 태블릿 PC로 영상을 보여주며 접근

- **기독교베뢰아교회연합**(서울성락교회) : CBA란 이름으로 활동
- **다락방**(세계복음화전도협회) : DCM이란 이름으로 활동, 렘넌트(남은 자) 운동
- **JMS**(기독교복음선교회) : 각종 문화활동, 위장동아리로 활동, 응원단, 재즈, 산악회, 체육활동 등으로 접근
- **신천지** : 설문조사, 각종 위장동아리, 선교단체, 문화단체로 활동
- **통일교**(하늘부모님 교단) : 대학원리연구회, 월드카프, 화이트 캠퍼스운동, 순결운동 등으로 활동
- **예수그리스도후기성도교회** : 무료 영어공부 명목으로 접근
- **여호와의 증인** : 깨어라, 파수대 등 무료 도서 제공하며 활동

이단사이비 예방과 대처

- 인터넷, 유튜브 등을 통한 무분별한 설교청취나 성경공부를 지양합니다. 이단에서 운영하는 인터넷, 유튜브가 너무 많고 대부분 기독교를 표방하고 있으므로 특히 유의해야 합니다. 이 방법으로 이단에 빠지는 경우가 증가하는 추세입니다.
- 외부 성경공부는 절대 금지하고 교회 중심의 신앙생활을 합니다.
- 불가피하게 외부 단체의 성경공부 모임에 참석할 경우는 사전에 목회자에게 필히 검증을 받는 것이 필요합니다.
- 자녀 또는 가족 중에서 이단에 빠졌을 경우는 무조건 비판하

거나 외면하지 말고 담당 목회자 또는 이단전문기관의 도움을 받는 것이 효과적입니다.

- 교회에서는 전 교인을 대상으로 이단 예방 설교 또는 이단세미나를 정기적으로 실시하는 것이 중요합니다. 그리고 광고 시간을 통해서 이단의 존재를 알리고 경계하도록 주의를 촉구하여 주기적으로 주의를 환기시켜야 합니다.

- 새 신자들이 들어오면 사진을 촬영하여 신상카드를 확실하게 작성해 둡니다. 위장하여 들어온 이단 신도들은 사진 찍는 것을 좋아하지 않습니다.

- 타 교회 기도원이나 외부 성경공부, 외부 선교단체와의 교제 등을 권유하는 사람이 교회 안에 있다면 반드시 담당 교역자에게 알려야 합니다.

- 문화센터, 동호회 모임 등에서 만난 사람과 적당히 교제가 이루어졌을 때 성경공부를 권유하거나 또는 신앙적 교제를 할 수 있는 좋은 단체를 소개해 준다고 하면 거절해야 합니다. 이단일 가능성이 크기 때문입니다.

- 이단은 길거리에서 선교단체, 봉사단체 등으로 위장하여 설문서 작성을 요청합니다. 거절해야 합니다. 특히 설문서에 전화번호 등을 절대 기록해서는 안 됩니다. 많은 청년들이 이 방법으로 미혹되었습니다.

유튜브에서 이단을 분별하는 법

코로나19 시대에 실내 활동이 많아지면서 자연 유튜브 이용자가 급증하고 있습니다. 문제는 온라인으로 기독교 계통의 사이트에 접속하면 유튜브 알고리즘을 통해 엉뚱하게 이단의 유튜브로 자동 연결된다는 점입니다. 따라서 기독교를 표방하는 이단의 유튜브 포교에 많은 청년들이 미혹될 수 있음은 또 하나의 커다란 위협이 되고 있습니다. 이러한 상황에서 이단의 유튜브 포교에 효과적으로 대처할 수 있는 훌륭한 이단예방 지침서가 나왔습니다. 기독교포털뉴스에서는 유튜브를 이용한 이단의 포교방법에 효과적으로 대처하기 위한 가이드를 아래와 같이 제시했습니다.[40]

유튜브에서 이단 분별하는 11가지 지침

1. 암호식 비유풀이 (YES □, NO □)

성경은 문맥과 문장의 흐름을 따라 읽고 해석해야 함에도 불구하고, 성경을 비유로 풀어야 한다며 신·구약 성경의 특정구절만 보면서 이 구절 저 구절 짜 맞추기를 한다.

2. 비밀교육 (YES □, NO □)

복음은 부끄럽거나 감추는 것이 아닌데도, 인터넷이나 유튜브

---

40 정윤석, "유튜브에서 이단 분별하는 11가지 지침", 기독교포털뉴스.

를 통해 청취, 접속하는 것을 목사님과 부모님께는 비밀로 하라고
한다. 입막음을 시켜 성경공부 하는 것이 탄로 나지 않도록 비밀교
육을 시킨다.

3. 시대별 구원자 (YES ▢, NO ▢)

예수님은 어제나 오늘이나 영원토록 모든 사람의 구원자(히
13:8)이신데도 그렇게 가르치지 않고 시대별 구원자가 각자 다르게
존재해 왔다며 노아·모세·아브라함도 구원자고 신약 시대는 예수
님이 구원자였지만 말세 때는 새 시대의 구원자를 믿어야 한다고
주장한다.

4. 동방한국 (YES ▢, NO ▢)

성경에서 말씀하는 동방(창 29:1, 이사야 41:2; 46:11, 렘 49:28, 마
2:1 등)은 좁게는 팔레스타인 동쪽 지역에서 넓게는 페르시아 지역
을 뜻한다. 특히 이사야서에서 말한 하나님의 뜻을 이룰 사람은 바
사 왕 '고레스'를 의미하는데도 성경의 동방이 한국이라며 '구원자'
가 대한민국에서 태어났다고 주장하고 성경말씀을 한국의 특정 지
역이나 특정 단체의 사건에 꿰어 맞춘다.

5. 직통계시 (YES ▢, NO ▢)

교주에게 하나님이 계시를 내려주셨다며 예수님 이후 2천 년 동
안 봉인됐던 진리를 풀고 새롭게 내려진 것이라고 과장한다. 또한

교주가 하나님의 음성을 들었다며 자신의 말을 듣지 않을 때 저주받는다고 공포감을 조장한다. 자신이 천국과 지옥을 수백 차례 갔다 왔다며 주님이 음성을 들려주셨다고 허황된 진실인 것처럼 넘치는 확신을 말한다.

6. 종말 예언 (YES □, NO □)

예수님이 오시는 날과 때는 아무도 모른다고 성경이 말씀했음에도 불구하고 조건부 종말, 예를 들어 2~3년 내에 14만 4천 명이 찬다며 종말이 올 것이라고 거짓말한다. 혹은 역병, 전쟁, 테러 등으로 두려움을 주고 재림의 날짜를 강조하면서 날짜를 못 박아 말하며 맹종을 강요하고 공포감을 조장하며 일상생활에 지장을 받게 한다.

7. 율법주의 (YES □, NO □)

날짜, 절기로서의 안식일은 현재 그리스도인들의 의무 사항이 아닌데도 (골 2:16, 호 2:11) 안식일은 오늘날 일요일이 아닌 토요일이라며 토요일로 바꿔서 예배해야 한다고 주장한다. 일요일은 태양신을 숭배하는 날이니 안식일과 더불어 유월절 등 구약의 절기를 지금도 지켜야 구원받는다는 율법주의적 주장을 한다.

8. 극도의 교회 비난 (YES □, NO □)

교회의 아픔과 상처가 있을 때 그것을 감싸며 기도하고 함께 아파하기보다 교회의 부정적인 모습만 부각하고 비판하면서 위선적인 종교집단으로 정통교회를 매도한다. 즉, 교회는 구원이 없는 바벨론이고 진리가 없는 타락한 집단이니 교회를 떠나 자신들의 종교집단으로 와야만 구원받는다며 정통교회의 문제점을 부각하고 비판한다.

9. 유튜브 채널의 투명성 (YES □, NO □)

유튜브 채널 운영자가 신학 채널이나 기독교 관련 채널을 운영하는데 신학을 어디서 했는지, 교단 소속은 어디인지, 교회는 다니는지 여부가 전혀 확인되지 않는다.

10. 프리메이슨 음모론 등 과도한 호기심 자극 (YES □, NO □)

영적인 하나님의 나라는 물론 이 세상 나라 또한 통치하고 섭리하시는 분은 하나님인데도 마치 이 세상 나라의 배후에는 프리메이슨, 일루미나티 등 특정 세력이 좌우하는 것처럼 강조하며 심각하게는 악마적 조직에 의해 세상이 움직이는 것처럼 과장한다. 이외에 성경에 없는 UFO, 피라미드, 케네디가의 저주론 등으로 허황한 공포감을 조장해 현실 인식을 어렵게 만든다.

11. 일상생활 불가 (YES □, NO □)

유튜브 채널을 시청하면 할수록 삶의 용기와 가족에 대한 사랑이 커지는 게 아니라 가족의 뒤에 원수 사탄이 들어가 있는 것 같고, 곧 세상의 마지막이 올 것 같아 일상생활이 아무 의미 없게 느껴진다.

위의 11가지 항목 중 YES에 해당하는 게 1~2가지면 예의주시, 3~4가지면 문제단체, 4가지 이상이면 단연 이단에서 운영하는 유튜브라고 할 수 있습니다. 위의 11가지 항목에 해당하는 내용을 청취하고 있다면 바로 해당 영상채널의 청취, 탐독, 접속을 금해야 합니다.

하나님의교회, 접근여부 체크리스트

1. 신학생의 설문조사를 하고 '어머니 사진전'에 다녀온 적이 있다.

2. 부녀자들이 2인1조로 접근한 적이 있다.

3. 성경공부 인도자가 '십자가는 우상숭배'라고 말했다.

4. 성경공부 인도자가 '성경공부 사실을 남에게 절대 알리지 말라'고 했다.

5. 성경공부 인도자가 '하나님께 예배드리는 안식일은 토요일이지 일요일이 아니다'라고 말했다.

6. '확실한 증거'라는 전도 책자를 본 적이 있다.

7. 성경공부 인도자가 '어머니 하나님'에 대한 이야기를 꺼냈다.

8. 재앙을 피하기 위해서는 유월절을 반드시 지켜야 한다고 말했다.

9. 침례를 즉시 받아야 한다고 해서 하얀색 머릿수건을 쓰고 침례를 받았다.

10. 성경공부 교사가 시대별 구원자가 있는데 성부시대는 여호와, 성자시대는 예수, 성령시대에 구원자의 새 이름이 있다고 했다.

11. 성경공부 교사가 '예수님이 육신으로 재림하셔야 한다'고 말했다.

12. 성경공부 교사가 '이 땅의 가족은 천국가족의 그림자'라고 말했다.

13. 이 땅의 가족에 아버지, 어머니, 자녀가 있듯 천국가족도 하나님 아버지, 하나님 어머니, 영의 자녀가 있다고 했다.

14. 자녀가 탄생하기 위해선 어머니가 반드시 필요하며, 영의 자녀들도 '어머니 하나님'이 반드시 필요하다고 말했다.

15. '어머니 하나님'을 믿지 않으면 천국에 갈 수 없다고 했다.

16. 다윗이 30세에 왕이 됐듯이 예수님도 30세에 침례를 받았다. 다시 오실 재림 예수님도 30세에 침례를 받아야 한다.

1~4번 중 '예'가 2개 이상이면 접근 가능성 높음. 5~16번 중 '예'가 1개라도 있다면 하나님의교회가 맞습니다.

출처 : 한국기독교이단상담소협회

사이비 신천지 접근 및 복음방 체크리스트

1. 성격·행동 유형검사, 미술심리치료, 도형그리기, 우울증·스트레스 테스트, 애니어그램, MBTI 검사, 힐링 스쿨, 각종 설문, 5분 스피치 평가 등에 참여한 적이 있다.
2. 누군가 나에 대한 꿈을 꾸었다며 신앙이야기를 하며 접근한 적이 있다.
3. 주변에서 "신앙상담, 신유, 영적능력이 탁월한 사람이 있다"는 제안을 받았다.
4. 교회 밖에서 성경공부, 큐티모임, 영성훈련 등의 신앙모임을 해보자는 권유를 받았다.
5. 교회 밖 성경공부를 인도하는 교사가 목사, 전도사, 사모, 신대원생, 간사, 선교사 등이다.
6. 성경공부 교사가 "성경공부 하는 것을 다른 사람에게 알리지 말라"고 말했다.
7. 성경공부 교사가 성경 내용을 역사, 교훈, 예언, 성취로 구분했다.
8. 성경공부 교사가 "성경이 '계시록 시대' 등 8개 시대로 구분되며 반드시 예언을 깨달아야 한다"고 강조했다.
9. 성경공부 교사가 "죄 사함이 예수를 믿고 비유를 깨달으며 새 언약을 지킬 때 가능하다"고 가르쳤다.
10. 성경공부 교사가 "사탄이 성전에 앉아 하나님으로 가장해

신앙인들을 미혹한다"고 말했다.

11. 성경공부 때 '천국 비밀이 감춰져 있으며 비유로 된 계시의 말씀을 깨달아야 한다'고 배웠다.

12. 성경공부 교사가 "시대별 예언과 성취가 있으며, 일반교회에서 봉함된 말씀을 계속 배우다간 구원받을 수 없다"고 충고했다.

13. 성경공부에서 육적 이스라엘, 영적 이스라엘, 영적 새 이스라엘(영적 새 선민)에 대해 배웠다.

14. 성경공부 교사가 "재림의 때 출현하는 약속의 목자, 이긴자가 있다"고 강조했다.

15. 성경공부를 시작한 뒤, 주일 설교가 잘 들리지 않고 목사님이 거짓목자처럼 느껴진다.

16. 성경공부 후 현재 다니는 교회가 바벨론교회라는 느낌이 들어 떠나고 싶은 생각이 든다.

1~4번 문항 중 '예'가 1개 이상이면 신천지 추수꾼이 접근했을 가능성이 큽니다.
또한 5~16번 문항 중 '예'가 2개 이상이면 신천지 복음방 교육 중이며, 4개 이상이면 복음방 교육 중반부, 7개 이상이면 복음방 교육 후반부일 가능성이 큽니다.

출처 : 한국기독교이단상담소협회

책 속의 책 : 부록

이 장에서는 가족이 이단에 빠져 피해를 입은 사례를 살펴보겠습니다. 가족이 이단에 빠지면 가정이 해체되는 모습을 보게 됩니다. 본 사례를 통해 이단에 대한 경각심을 가질 수 있습니다. 그리고 이단에 미혹된 사람들의 종교적 삶의 모습과 이단의 실체를 알 수 있습니다.

2장

이단 때문에
무너지는 가정들

1. 아버지를 고소한 딸과 아들

◇◇◇◇◇◇◇◇

신천지 피해사례[41]

이단에 빠진 사람들의 공통점은 완전히 '딴 사람'으로 변하는 것입니다. 이단에 빠진 사람들을 향해서 그의 가족들은 이렇게 말합니다. "저 아이가 혼이 나갔어, 그전에는 안 그랬는데 어떻게 저렇게 변할 수가 있는지 도무지 이해가 안가." 그들이 이전과는 완전히 다른 사람이 되었다는 말입니다. 여기 그 대표적인 사례가 있습니다. 신천지에 빠진 딸과 아들이 평소 사랑하던 아버지를 경찰에 고소한 사건입니다.

CBS뉴스는 신천지로 인한 가족 간 폭력사건을 보도했습니다. "신천지 때문에 우리 가정이 파탄되었다."고 주장하는 아버지와 신천지에 빠진 두 청년 자녀와의 갈등으로 가족 간에 폭력이 일어난 사건이었습니다.

---

41 송주열, "신천지 갈등 가족폭력 사건 수사", CBS뉴스(2018. 3. 2), https://youtu. be/jo_cxmg4rnY.

경기도 화성의 한 가정집입니다. 창문이 심하게 부서져 있고, 유리 파편이 이불과 방바닥 곳곳에 흩어져 있습니다. 엄마와 두 자녀는 신천지에 빠진 사실이 들통나자 가출하였고, 나머지 가족들이 이들을 설득하는 과정에서 폭행 사건으로 번졌습니다. 이 과정에서 큰딸은 신천지에 빠진 남동생으로부터 머리와 얼굴, 다리 부분을 폭행당했습니다. 이 과정에서 아버지와 신천지 위장 목사가 몸싸움을 벌였고, 결국 주먹이 오고 갔습니다. 그런데 납득이 가지 않는 것은 신천지 위장 목사가 아닌 신천지에 빠진 둘째 딸과 아들이 아버지를 가정 폭력 혐의로 경찰에 고소한 것입니다. 딸과 아들로부터 고소당한 아버지는 안타까움에 쉽사리 말을 잇지 못했습니다.

보도 내용을 보면 신천지에 빠진 둘째 딸과 아들이 아버지를 경찰에 고소했습니다. 가족 간의 관계보다 신천지에 대한 절대적인 종교행위가 우선이었던 것입니다. 평범한 가정의 딸과 아들이 신천지에 빠진 이후 전혀 딴 사람이 된 것이지요. 평소 자신들을 사랑했던 아버지를 경찰에 고소까지 할 정도로 딸과 아들이 변한 이유는 무엇일까요?

신천지에 빠진 딸과 아들의 심리 상태에 대하여 생각해 볼 필요가 있습니다. 자녀들은 이미 신천지에 깊이 빠져 있었습니다. 신천지 교리에 세뇌된 것이지요. 이들은 오직 신천지만이 자신에게 구원을 줄 수 있다고 믿고 있었습니다. 자신의 구원을 방해하는 자는 모두 마귀의 자식이라고 세뇌되었습니다. 한번 세뇌가 되면 비록 가족이라 하더라도 자신의 구원을 방해하는 자는 마귀의 자식이라고 간주하게 됩니다. 딸과 아들의 입장에서는 신천지 활동을 말리는 아버지 역시 마귀의 자식에 불과했습니다. 이처럼 신천지는 가족관계를 분열시킵니다.

신천지는 이단 중에서도 가장 공격적으로 포교활동을 하는 집단입니다. 일반적으로 여기에 빠진 신도들은 신천지 교리에 극단적으로 의존합니다. 이는 중독의 관점에서 볼 때 '관계중독'의 전형적인 모습입니다. 관계중독이란 친밀한 누군가가 없으면 불안해하고, 누군가에게 심리적으로 의존되어 온 정신이 쏠리는 상태를 의미합니다. 아버지를 경찰에 고소한 딸과 아들 역시 신천지의 교리와 가르침에 극단적으로 의존하는 전형적인 관계중독의 모습이라고 볼 수 있습니다.

2. 이상한 관계, 교주와 여신도

✕✕✕✕✕✕✕✕✕

JMS 피해사례[42]

JMS는 여신도들에게 성적 피해를 가하는 대표적인 이단입니다. JMS의 교리는 '30개론'입니다(현재는 '7대 강의'로 바꾼 상태이지만 이들의 기본 교리라 할 수 있는 30개론을 중심으로 설명합니다). 이 교리에 의하면 교주 정명석은 신랑이고 여신도는 신부입니다. 정명석은 이 시대를 신랑·신부 시대, 실체적 애인시대라고 가르칩니다. 여신도들에게 있어 정명석은 남편이고 애인이자 구원자입니다. 따라서 정명석이 "하나님이 나를 통해서 너를 사랑하고자 한다."고 육체적인 관계를 요구할 때 쉽게 거부할 수 없습니다. 여신도들에 대한 성적 착취가 자행되며 성적 타락이 합리화되는 교리입니다. 다음은 JMS 탈퇴 여신도의 피해 간증 사례입니다.

○○여자대학교 2학년 여름이었습니다. 친구로부터 성경공부를 하자고 권유 받은 것이 계기가 되어 JMS에 들어가게 되었습니

---

42 편집국, 『이단 피해자, 그들의 이야기』 (서울: 월간현대종교, 2012), 135-141.

다. 이후 탈퇴할 때까지 JMS에서 22년간 열심히 활동했습니다. 탈퇴한 지금 생각해보면 정말 의미 없이 보낸 억울한 세월이었습니다. 대학 재학 때는 캠퍼스 리더, 졸업 후는 전도사로도 활동했습니다. 남편과 나는 JMS에서 주선한 만남을 통해 가정을 이루었습니다. 물론 교주 정명석의 허락을 받고 결혼했습니다. JMS는 정명석이 허락하지 않으면 결혼을 할 수 없는 시스템입니다.

JMS 여신도들에게 있어서 정명석은 은총을 주는 구세주입니다. 정명석의 은총을 받고 싶어 여신도들 간에 알력이 생기기도 합니다. JMS 신도들은 미모가 출중한 여성들을 우선적으로 전도합니다. 이유는 미모가 뛰어난 여성들을 데리고 가야 자기도 함께 은총을 받을 수 있다는 믿음 때문입니다.

정명석은 자기 마음에 드는 여신도가 나타나면 월명동으로 불러들여 합숙합니다. 내 친구도 정명석에게 선택되어 월명동에 들어갔지만 정명석과의 성관계가 너무 힘들어 나왔다고 합니다. 정명석과 불미스러운 성관계를 맺었던 여신도들이 상당히 많습니다. 이들은 JMS를 탈퇴한 후 결혼하더라도 과거의 사실이 알려질까 봐 전전긍긍하며 두려움에 떨고 있습니다.

전주와 대구에는 스타교회가 있습니다. 이 교회는 10대, 20대 여신도 중 외모가 출중한 여성들만 가는 곳입니다. 이들은 연예인처럼 화려한 옷을 입고 수시로 춤을 추고 공연하는데, 모든 학생들에게 선망의 대상이 되고 있습니다. 그러나 대외적으로는 화려하게 활동하지만 뒤에서는 정명석의 기쁨조 역할을 합니다. 정명석은 신도들에게는 금욕적인 삶을 강조하면서 정작 자신은 수시로 여신도들을 성적으로 착취하는 생활을 하고 있습니다.

그렇다면 여신도들이 자신의 몸을 허락하며 정명석에게 의존적인 삶을 사는 이유는 무엇일까요? 이들은 30개론이라는 JMS 교리를 통하여 세뇌되었기 때문입니다. 이 교리에 의하면 정명석은 예수의 영이 임한 재림주로서 이 시대의 구원자입니다. 정명석은 자신과의 성적인 관계는 구원의 한 방법이라고 가르칩니다. 이 또한 하나님이 시킨 일이라고 주장하며 여신도들을 세뇌시킵니다. 그리고 자신과의 성적인 관계는 절대 비밀로 하여야 하며, 발설하면 저주 받는다고 말하여 두려움을 갖게 합니다. 이처럼 정명석은 여신도들의 이성을 무너뜨리고 맹종하게 만듭니다. JMS 여신도들은 정명석이 여신도 성폭행 혐의로 10년 징역형을 살고 교도소에 간 것을 예수의 고난이라고 믿고 있습니다. 여신도들의 이러한 믿음은 세상과의 소통이 단절되었기 때문입니다. 이단의 공통점 중의 하나는 신도들에게 TV도 못 보게 하고 인터넷도 못하게 하는 것입니다. JMS 역시 마찬가지입니다. 대부분의 여신도들이 이 말에 잘 순종합니다. 보통 상식으로는 도저히 이해가 되지 않지만 이단에서는 비일비재한 현상입니다.

정명석은 1990년대부터 여신도 성폭행 혐의와 공금 횡령 혐의로 수사를 받자 대만을 거쳐 홍콩으로 도피하였으나, 2007년에 중국 베이징에서 체포되었습니다. 한국 정부는 중국 정부에 범죄인 인도 요청을 하였고, 중국 정부는 이를 받아들여 2008년 2월 20일에 한국으로 강제 송환되었습니다. 이후 대한민국 대법원에서 징역 10년을 선고받고 복역하였으며 2018년 2월에 만기 출소하였습니다. 정명석은 출소 후에도 수감 전과 다름없는 생활을 하고 있습니다.

3. 가족을 빼앗긴 남편의 극단적 선택

∞∞∞∞∞∞

하나님의교회 피해사례[43]

가족에게 왕따인 아빠에게 설 명절은 버거웠습니다. 가족과 함께 소박한 명절을 지내기를 바라던 것은 사치였을까요? 명절이 막 끝난 다음날, 한 여자의 남편이자 두 아이의 아빠가 극단적인 선택을 했습니다.

절대 아이는 포기할 수 없다던 아빠의 죽음

2015년 2월 21일 오후, 아파트 현관에서 죽은 남편이 발견되었습니다. 남편은 이단인 하나님의교회에 빠진 아내와 두 자녀 때문에 힘들어했다고 합니다. 남편과 하나님의교회를 택한 아내는 별거 중이었습니다. 사망한 남편 이 씨는 하나님의교회에 빠진 아내로 인하여 위기에 처한 많은 남편 중 한 명이었습니다. 그는 2월 18일 이후로 연락이 두절됐다고 합니다. 그리고 자신이 활동하던 인터넷 카페에, "절대로 아이들만큼은 포기할 수 없다."고 마지막으로 글

---

43 이용규, "가족 잃은 아빠, 죽음을 택하다". 『현대종교』 (2015. 3월).

을 올렸습니다. 소식이 전해지자 같은 아픔을 지닌 동료들의 애도가 이어졌습니다.

이 씨가 작년에 썼던 글이 그가 처했던 상황을 어느 정도 알려 줍니다. "애 엄마가 하나님의교회에 8~9년 정도 다니고 있고요, 아들과 딸도 같이 다니고 있습니다. 아들은 중2, 딸은 중1입니다. 우리 부부는 이혼을 준비하고 있습니다만 여러 가지 방법을 시도하고 있습니다." 이 씨는 아이들을 너무 보고 싶어 했습니다. 명절에 아이들을 보러 갔습니다. 그러나 아내와 아이들로부터 심한 냉대를 받았다고 합니다.

피해자들은 다들 죽고 싶은 심정이었다

사망한 남편 이 씨와 같은 상황에 처한 남편들이 한두 명이 아닙니다. 남편들은 공통적으로 말했습니다. 하나님의교회에 빠진 아내들이 어느 날 갑자기 남편을 버리고 아이들과 함께 떠났다는 것입니다. 어떤 아내는 남편과 아이들을 내버려둔 채 혼자 집을 떠났다고 합니다. 무엇이 아내들을 이렇게 변하게 하였을까요?

하나님의교회에 빠진 아내를 남편이 말리거나 다툼이 있을 경우는 이혼하는 가정이 많습니다. 하나님의교회에서 이혼을 조장하기 때문입니다.[44] 종교의 문제로 부부싸움이 몇 차례 진행되면 아내

---

44 백상현, "법원 '하나님의 교회, 이혼 조장하는 교리 있었다.'" 국민일보(2017년 2월 17일), http://news.kmib.co.kr/article/view.asp?arcid=0923689840, 법원이 하나님의교회 신도들의 이혼·가출 현상을 언급하면서 그 원인이 하나님의교회 교리 및 활동과 관련돼 있다는

는 병원 진단서를 첨부하여 폭력을 명분으로 이혼소송을 제기합니다. 남편의 폭력으로 이혼소송을 제기해야 법원에서도 쉽게 받아들이며 더 많은 위자료를 받을 수 있기 때문입니다. 단란했던 가정이 갑자기 망가지고, 남편의 가슴은 피멍이 들어갑니다. 하나님의교회는 특히 30대 가정주부가 많이 빠진다고 합니다.

아내가 하나님의교회에 다니는 사실을 남편이 알게 되면 아내는 남편의 인적사항을 하나님의교회에 알려줍니다. 대부분의 남편이 '하피모(하나님의교회 피해자 모임)'에 가입하기 때문입니다. 남편들이 피해자 모임에 가입하는 이유는 서로 연대하여 아내를 하나님의교회로부터 구출하기 위한 것입니다. 아내는 이때부터 더 심하게 남편을 공격한다고 합니다. 이혼사유를 만들기 위해 남편을 정신병이 있는 사람으로 조작하기도 합니다. 이렇게 당하는 남편이 한둘이 아닙니다. 사망한 남편 역시 정신병자로 몰리고 있었다고 합니다. 어느 날 갑자기 아내를 하나님의교회에 빼앗긴 남편들의 심정은 어떠할까요? 아이들은 어떻게 해야 하나요? 정말 있어서는 안 되는 일이 지금도 벌어지고 있습니다.

취지의 판결을 내렸다. 의정부지법 형사4부(부장판사 이근영)는 하나님의교회를 비판한 1인 시위자 4명에 대한 항소심에서 전원 무죄 판결을 내리고 "하나님의교회 신도들의 이혼·가출과 이를 조장하는 교리 및 활동이 있었다"고 판시했다고 밝혔다.

에필로그

먼저, 이 책이 나올 수 있도록 인도하신 하나님께 감사드리며 영광을 올려드립니다. 아울러, 평소 말씀과 기도로 이끌어주시고 격려와 조언으로 도움을 주신 우이감리교회 김용성 담임목사님께 감사의 마음을 전합니다. 그리고 이 책을 쓸 수 있도록 많은 가르침을 주신 서울신학대학교 황헌영 교수님과 한국기독교이단상담소협회 장이신 진용식 목사님께도 감사의 마음을 전합니다. 또한 격려의 말씀으로 책 출간을 축하해 주신 탁지일 교수님과 조성돈 교수님께도 감사의 마음을 전합니다.

이 책은 이단에 빠지는 사람들의 정서와 심리, 종교중독 현상을 심층심리학적 관점에서 설명하였습니다. 또한 이단의 교주와 신도 사이에서 벌어지고 있는 다양한 현상을 심리적으로 분석하여 이단에 빠지는 사람들에 대한 이해를 돕고자 하였습니다. 이 책을 쓰는 동안 우리 자녀들을 인격적으로, 올바른 신앙인으로 잘 키우는 것이 얼마나 중요한지를 다시 한 번 확인할 수 있었습니다.

이 책을 통하여 가정과 교회가 이단 예방활동에 좀 더 관심을 기울이는 계기가 되기를 소원합니다. 또한 이단에 빠져있는 신도들이 이 책을 읽고 자신을 성찰하여 다시 원래의 위치로 돌아오기를 소망합니다. 현재는 이단에서 탈퇴하였으나 여전히 심리적으로 힘들어하는 분들이 자기를 돌아보고 새로운 길을 열어가는 데 도움이 되기를 소망합니다. 부디 이 책이 기독교의 진리를 수호하고, 이단으로부터 하나님의 자녀들을 보호하는 데 작은 도움이 되기를 기도드립니다. 감사합니다.

유연철

: 국내 도서 :

기독교대한감리회. 『감리교회 입장에서 본 이단문제』. 서울: 감리교단, 2014년.

기독교연합회 이단대책위원회. 『우리시대의 이단들』. 서울: 두란노, 2007년.

김경천. 『거짓을 이기는 믿음』. 경기: 기독교포털뉴스, 2019년.

김미경. 『이단 신천지 대처법 AtoZ』. 경기: 기독교포털뉴스, 2013년.

김선미. 『종교중독의 이해』. 전북: 전북대학교출판문화원, 2015년.

백상현. 『이단사이비, 신천지를 파헤치다』. 서울: 국민일보기독교연구소, 2013년.

변상규. 『정서적으로 건강한 신앙』. 서울: 킹덤북스, 2018년.

신현욱. 『이단 신천지 대처법 AtoZ』. 경기: 기독교포털뉴스, 2013년.

조민음. 『이단백서』. 서울: 바른미디어, 2019년.

지영근. 『신천지 세뇌방식과 탈세뇌』. 경기: 기독교포털뉴스, 2020년.

진용식. 『안상홍증인회의 실체는?』. 경기: 기독교포털뉴스, 2018년.

_____. 『이만희 실상 교리의 허구』. 경기: 기독교포털뉴스, 2019년.

최영민. 『쉽게 쓴 자기심리학』. 서울: 학지사, 2017년.

탁지일. 『이단』. 서울: 두란노서원, 2015년.

현대종교 편집국. 『이단 바로알기』. 서울: 월간 현대종교, 2013년.

_____. 『이단 피해자 그들의 이야기』. 서울: 월간 현대종교, 2012년.

_____. 『하나님의 교회의 정체』. 서울: 현대종교, 2015년.

_____. 『한국의 신흥종교』. 서울: 현대종교, 2008년.

홍이화. 『하인즈 코헛의 자기심리학 이야기』. 서울: 한국심리치료연구소, 2011년.

: 번역 도서 :

Arterburn, Stephen & Felton, Jack. 『해로운 신앙』. 문희경 옮김. 서울: 그리
　심, 2017년.

Botton, Alain de. 『불안』. 정영목 옮김. 서울: 은행나무, 2011.

Enroth, Ronald. 『영적 학대』. 김기찬 옮김. 서울: 생명의 말씀사, 1997년.

Herman, Judith. 『트라우마』. 최현정 옮김. 서울: 열린책들, 2012년.

Johnson, David and VanVonderen, Jeff. 『말씀 선포, 혹은 영적 학대』. 김광남
　옮김. 고양시: 비전북, 2012년.

Kohut, Heinz. 『자기의 분석』. 이재훈 옮김. 서울: 한국심리치료연구소, 2013년.

　　　　　　. 『자기의 회복』. 이재훈 옮김. 서울: 한국심리치료연구소, 2006년.

Lancer, Darlene. 『관계 중독』. 박은숙 옮김. 서울: 교양인, 2018년.

Lester, Andrew. 『앵그리 크리스천』. 이희철·허영자 옮김. 서울: 돌봄, 2016년.

Litchfield, Bruce. 『하나님께 바로서기』. 정성준 옮김. 서울: 예수전도단, 2015년.

McRaney, David. 『착각의 심리학』. 박인균 옮김. 서울: 추수밭, 2012년.

May, Gerald. 『중독과 은혜』. 이지영 옮김. 서울: 한국기독학생출판부,
　2017년.

Oates, Wayne. 『신앙이 병들 때』. 정태기 옮김. 서울: 대한기독교출판사, 2002년.

Rizzuto, Ana-Maria. 『살아있는 신의 탄생』. 이재훈 외 옮김. 서울: 한국심리
　치료연구소, 2000년.

Twerski, Abraham. 『중독성 사고』. 이호영 옮김. 서울: 하나의학사, 2009년.

Schaef, Anne Wilson. 『중독 사회』. 강수돌 옮김. 서울: 이상북스, 2016년.

미국정신분석학회. 『정신분석 용어사전』. 이재훈 외 옮김. 서울: 한국심리치
　료연구소, 2002년.

이소무라, 다케시. 『이중세뇌』. 이인애 옮김. 서울: 도서출판 더숲, 2010년.

: 언론보도 :

강민진, "32명 집단 자살 미스터리 오대양사건을 기억하시나요", (한겨레, 2018.
　　8. 11).
신이건, "JMS의 포교전략과 대책", (한국기독신문, 2016. 5. 27).
이용규, "가족 잃은 아빠, 죽음을 택하다", 「현대종교」(2015. 3월).
이혜리, "신도 성폭행 이재록목사, 그루밍 성범죄 인정", (경향신문, 2018. 11.
　　22).
정윤석, "정명석과 성관계로 구원 가르쳐", (기독교포털뉴스, 2012. 3. 28).

: 홈페이지 :

신천지문제전문상담소, http://www.antiscj.or.kr/
한국기독교이단상담소협회, http://www.jesus114.net/

: 기타 홈페이지 :

기독교복음선교회(JMS), http://www.cgm.or.kr/
신천지예수교증거장막성전, https://www.shincheonji.kr/
하나님의교회, https://watv.org/ko/